Dr. med. Matthias Riedl | Dr. med. Anne Fleck | Dr. med. Jörn Klasen

Die Ernährungs Docs

Supergesund mit Superfoods

Die 10 wichtigsten Lebensmittel, um körperlich und geistig fit und gesund zu bleiben

Mit Rezepten von Martina Kittler und Texten von Franziska Pfeiffer

INHALT

Die Symbole bei den Rezepten

- Vegan
- Glutenfrei
- Vegetarisch
- Laktosefrei
- Ballaststoffreich *mehr als 10 g Ballaststoffe pro Portion*
- Low Carb *weniger als 30 Energie-% aus Kohlenhydraten*

HERING
Omega-3-Lieferant und Vitamin-D-Quelle
WEISSKOHL
Powerfood und Vitaminbombe
APFEL
Allrounder mit viel Vitamin C
LINSEN
Kraftpakete mit pflanzlichem Eiweiß
SPINAT
Nährstoffprotz und Zellschutzgemüse
LEINSAMEN
Wunderkörner mit reichlich Ballaststoffen
BLAUBEEREN
Radikalfänger für gesunde Zellen
BROKKOLI
Anti-Krebs-Gemüse mit Senfölen
KÜRBIS
Herbstgemüse mit viel Betacarotin
WALNÜSSE
Knabberzeug mit guten Fettsäuren

Liebe Leserinnen und Leser,

die Auswahl an Lebensmitteln war noch nie so groß wie heute. Wir können uns immer etwas Essbares kaufen, wenn uns danach ist. Das klingt erst einmal paradiesisch, doch leider tut uns der Überfluss gesundheitlich nicht gut. Mindestens jede zweite Erkrankung hängt mittlerweile mit der Ernährung zusammen. Die riesigen Mengen an Nahrungsmitteln, die uns zur Verfügung stehen, machen eine gesunde Lebensweise keineswegs leichter. Im Gegenteil: Das übergroße Angebot wirkt auf viele Menschen erschlagend. Nach welchen Kriterien soll ich auswählen? Was brauche ich wirklich? Was ist überhaupt gesund?

Wir, die NDR-Ernährungs-Docs, stellen Ihnen mit diesem Buch zehn besonders wertvolle, leicht erhältliche heimische Lebensmittel vor, dazu heilsame Kräuter, Scharfmacher und süße Schmeichler: Das kann eine gute Basis für einen gesunden und nährstoffreichen Speiseplan sein. Dabei geht es nicht in erster Linie ums Abnehmen, sondern um das, was uns allen lieb und teuer sein sollte: um unsere Gesundheit. Welche Lebensmittel wirken wie Medizin? Welche Inhaltsstoffe haben sie? Und welche Wirkung können sie im Körper entfalten? Damit Sie sich im Dschungel der schier unendlichen Möglichkeiten nicht verirren, haben wir für Sie eine Auswahl getroffen und die besten Superfoods zusammengestellt: von Blaubeeren und Brokkoli über Walnüsse und Äpfel bis zu Hering und Leinsamen.

Wichtig ist, dass die von uns ausgewählten Superlebensmittel keine lange Reise hinter sich haben, sondern aus der Region stammen. Sie sind voll mit sekundären Pflanzenstoffen, Vitaminen, Mineralstoffen und wertvollen Fettsäuren, die alle einen positiven Effekt auf unsere Gesundheit haben. Die einen stärken das Immunsystem, andere schützen vor Herz-Kreislauf-Erkrankungen, Diabetes, Übergewicht, Bluthochdruck und teilweise sogar vor Krebs. Dass sie nebenbei noch schön und fit machen und den Alterungsprozess bremsen, sind weitere Pluspunkte.

Zunächst erklären wir Ihnen, was Superfoods sind und wie sie wirken. Dann stellen wir Ihnen unsere Top-Ten-Lebensmittel mit Steckbriefen vor und verraten Ihnen nützliche Tipps und Tricks. Damit Sie wissen, was Sie mit Walnüssen und Leinsamen in der Küche anfangen können oder wie Weißkohl und Kürbis richtig lecker werden, gibt es zu jedem „Superhelden“ passende Rezepte – alltagstauglich und leicht nachzukochen. In diesem Sinne: Gesundheit und guten Appetit wünschen Ihnen

UNSERE SUPERFOODS: Medizin aus der Küche

Sie werten jedes Essen auf und wirken oft besser als Medikamente. Heimische Superfoods sind lecker, gesund und preiswert. Sie stärken das Herz-Kreislauf-System und die körpereigene Abwehr, machen fit und halten jung. Schlau eingesetzt reichen 10 Superfoods aus, um dem Körper zu geben, was er wirklich braucht.

Superfoods – das Wort ist in den letzten Jahren zum Trend geworden. Was steckt eigentlich dahinter? Ganz einfach: Den klangvollen Namen dürfen Nahrungsmittel tragen, die mehr können, als uns satt zu machen. Superfoods sind Powernahrung mit hoher Nährstoffdichte. Die Superlebensmittel sind natürliche, nicht industriell hergestellte Produkte, die ohne künstliche Zusatzstoffe auskommen. Sie zeichnen sich durch einen großen Anteil an wertvollen Inhaltsstoffen aus, die einen positiven Einfluss auf unsere Gesundheit haben. Dazu gehören vor allem die sogenannten sekundären Pflanzenstoffe, aber – nicht weniger wichtig – auch Vitamine und Mineralstoffe. Ein paar wenige Superfoods sind auch tierischer Herkunft, wie beispielsweise der Hering in allen Variationen. Wenn Sie die wunderbaren Schätze aus der Natur clever zubereiten, bieten Ihnen unsere Superfoods eine abwechslungsreiche, supergesunde Küche, von der Sie täglich profitieren können. Der Clou daran: Es schmeckt auch noch richtig lecker! Die fantastische Nahrung wächst und gedeiht nicht nur in fernen Ländern, sondern auch bei uns – oftmals sogar direkt in der Nachbarschaft. Ob Äpfel, Blaubeeren, Brokkoli, Kürbis oder Nüsse: Sie müssen sie nur entdecken.

VORSICHT VOR EXOTEN

Ob Açaí- oder Gojibeeren, Chiasamen, Quinoa oder Spirulina-Algen: Exotische Früchte, Pulver und Samen erleben gerade einen Hype unter gesundheitsbewussten Essern. Doch diese vermeintlich supergesunden Foods haben auch Nachteile, vor denen Verbraucherschützer warnen: Sie sind sehr teuer und häufig mit Schadstoffen belastet. Außerdem haben sie oft lange, umweltverschmutzende Transportwege hinter sich, auf denen – zum Beispiel bei frischen Früchten – wertvolle Inhaltsstoffe verloren gehen. Ihre Herkunft lässt sich in fernen Ländern mitunter nicht nachprüfen. Die Importe werden meist verarbeitet als Kapseln oder Nahrungsergänzungsmittel angeboten – sie können Allergien auslösen oder sich mit notwendigen Medikamenten nicht vertragen. Gegenüber heimischem Obst und Gemüse haben die Exoten keinerlei gesundheitliche Vorteile: Leinsamen etwa enthalten nicht weniger Omega-3-Fettsäuren und Ballaststoffe als Chiasamen. Und Heidelbeeren müssen sich mit ihren antioxidativen Inhaltsstoffen nicht hinter Açaí- oder Gojibeeren verstecken.

Wir haben unsere Superfoods aber nicht allein nach ihrer gesundheitlichen Wirkung ausgesucht, sondern auch den Umweltschutz berücksichtigt. Bei der Beurteilung eines Superfoods sollte das Thema Nachhaltigkeit eine Rolle spielen. Deshalb haben wir nur einheimische Küchenhelden ausgewählt, die Sie möglichst aus biologischem beziehungsweise natürlichem Anbau in Ihrer Nähe kaufen können und die auf dem Höhepunkt ihrer Reifung geerntet wurden. Ebenfalls ein wichtiges Kriterium: Kauft man sie saisongerecht ein, sind unsere Superfoods supergünstig. Selbst wenn Sie Bioqualität wählen, müssen Sie dafür nicht ganz so tief ins Portemonnaie greifen.

MIKRONÄHRSTOFFE FÜR DIE GESUNDHEIT

Kohlenhydrate, Fett und Eiweiß – unser Körper braucht diese drei Hauptnährstoffe. Er zieht seine Energie aus Fett und Kohlenhydraten und nutzt Eiweiß als Bausteine, um Zellen und Muskeln aufzubauen. Neben diesen sogenannten Makronährstoffen benötigt der Organismus aber noch mehr: nämlich Vitalstoffe wie Vitamine, Mineralstoffe und Spurenelemente. Diese Mikronährstoffe arbeiten wie Werkzeuge in unserem Stoffwechsel. Sie übernehmen auch in kleinen Mengen lebenswichtige Aufgaben.

Dabei spielen die sekundären Pflanzenstoffe eine besondere Rolle. Was können diese effektiven Helfer? Sekundäre Pflanzenstoffe, wie sie vor allem in Gemüse und Obst stecken, schützen Zellen vor reaktiven Sauerstoffverbindungen, vermeiden Entzündungsprozesse und bewahren uns vor chronischen Krankheiten. Natürlich muss man von diesen Pflanzenstoffen immer eine bestimmte Mindestmenge aufnehmen, um den gewünschten Effekt im Körper zu erreichen.

Entsprechend ihrer biochemischen Struktur und je nach Funktion kann man die Pflanzen-Superstoffe einteilen. Im Einzelnen sieht das so aus:

Abwehrstoffe

Glucosinolate (in Kohl, Rettich oder Senf) und Phenolsäuren (sie bilden neben den Flavonoiden die Polyphenole; in Vollkorn, Nüssen oder Tee) sollen die Pflanzen vor Fressfeinden schützen. Daneben wirken sie antioxidativ, das heißt, sie arbeiten wie Leibwächter und schützen uns vor sogenannten freien Radikalen, die Krankheiten oder vorzeitiges Altern begünstigen. Diese Angreifer sind immer im Einsatz, richten aber unter normalen Bedingungen keinen großen Schaden an. Sind wir allerdings geschwächt (etwa durch Medikamente, schlechte Ernährung, Zigaretten, Alkohol oder übermäßigen Stress), schlagen die freien Radikale zu.

Pflanzenfarbstoffe

Ob Rot, Blau, Violett oder Gelb – die sogenannten Carotinoide und Flavonoide (dazu zählen auch die Anthocyane) sind für die Farben von Obst- und Gemüsearten verantwortlich. Sie sind in Äpfeln, Beeren, Nüssen, Schokolade, Soja und Zwiebeln enthalten. Wenn wir sie in ausreichendem Maß essen, können sie gegen Herz-Kreislauf-Erkrankungen und Krebs (insbesondere in der Lunge und im Dickdarm) vorbeugen. Dieses präventive Potenzial wird allerdings auch von anderen Faktoren wie dem Körpergewicht oder dem Lebensstil beeinflusst.

Bitterstoffe

„Was bitter im Mund, ist dem Magen gesund." Die bitteren Saponine (in Hafer, Spargel oder Hülsenfrüchten) sind für den Menschen sehr gesund, weil sie den Stoffwechsel in Fahrt bringen, die Abwehr stärken und vor Übersäuerung schützen. Sie regen die Produktion von Speichel, Magensäften, Insulin und Gallenflüssigkeit an. Die Leber wird zum Abbau von Giftstoffen animiert, was eine schützende Wirkung für den Körper hat. Ein angenehmer Zusatzeffekt besteht darin, dass Bitterstoffe den Jieper auf Süßes bremsen.

Duft- und Aromastoffe

Zu dieser Gruppe zählen Sulfide (in Zwiebelgewächsen) oder Monoterpene (in Minze, Zitrone und Kümmel). Den Pflanzen verleihen sie einen intensiven Geruch, für den Menschen sind sie äußerst gesund. In unserem Organismus wirken Duft- und Aromastoffe aus Pflanzen nämlich cholesterinsenkend und können möglicherweise sogar gegen Krebs vorbeugen.

Pflanzenhormone

Hierunter versteht man Strukturen in Pflanzen, die denen von menschlichen Hormonen ähneln und in unserem Organismus auch ähnliche Wirkung entfalten können. Bekannt sind heute die Phytoöstrogene (in Getreide, Hülsenfrüchten oder Leinsamen), ähnlich dem weiblichen Sexualhormon, sowie die Phytosterole (in Nüssen, Samen oder Hülsenfrüchten), analog zu unserem Cholesterin. Die pflanzlichen Wirkstoffe schützen möglicherweise auch vor Krebs.

Was bedeutet das für unsere tägliche Ernährung? Auch wenn es keine verlässlichen Empfehlungen für einzelne sekundäre Pflanzenstoffe gibt, ist die Wissenschaft heute auf einem Stand, der den Schluss zulässt: Essen Sie viel Gemüse, Hülsenfrüchte, Obst, Nüsse und Vollkornprodukte, um von den präventiven gesundheitlichen Effekten der sekundären Pflanzenstoffe zu profitieren. Dieses Buch wird Ihnen dabei helfen. Betrachten Sie es nicht als fest vorgegebenes Ernährungsprogramm, bei dem Sie morgens, mittags und abends Superfoods in Form von Kohl oder Leinsamen essen sollen. Suchen Sie sich stattdessen einzelne Rezepte heraus, die zu eventuellen Beschwerden und Krankheiten passen und die Ihnen schmecken.

KOMBINIEREN SIE MIT SUPERFOODS

Sie müssen Ihre Ernährung damit nicht von heute auf morgen komplett umstellen. Bauen Sie einfach die Rezepte, die empfohlenen Gewürze und Kräuter und die einzelnen Superfoods möglichst oft in Ihren normalen Speiseplan ein. Machen Sie es sich nicht zu kompliziert. Sie können Ihr alltägliches Essen auch erst einmal mit unseren Superfoods kombinieren, um sich langsam umzugewöhnen. Denken Sie daran: Wenn Sie Ihre nächste Bratwurst mit Sauerkraut statt mit Pommes essen und den Schokoriegel am Nachmittag durch Nüsse ersetzen, ist schon viel gewonnen.

Die Ernährungs-Docs

Achten Sie auch bei Getränken auf Ihre Gesundheit. Die besten Durstlöscher sind Wasser und ungezuckerte Kräutertees. Gegen zwei bis drei Tassen Kaffee oder Schwarztee (ohne Zucker) pro Tag spricht auch nichts. Mit Alkohol, Fruchtsäften und Softdrinks sollten Sie es halten wie mit Süßigkeiten: nur in Maßen und Ausnahmefällen genießen.

GESUND ESSEN – SO GELINGT ES

Wenn Sie sich gesünder ernähren wollen, müssen Sie ein paar Gewohnheiten verändern. Das ist nicht einfach, aber machbar, wenn Sie dabei diese sechs Punkte beachten:

1

Machen Sie eine Bestandsaufnahme: Wann essen Sie zu viel und das Falsche? Welche Mahlzeiten können Sie durch unsere Gerichte ersetzen? Oder welche Ihrer Rezepte lassen sich mit den empfohlenen Kräutern und Gewürzen sowie den einzelnen Superfoods ergänzen? Schreiben Sie Wochenpläne und kaufen Sie entsprechend ein.

2

Achten Sie darauf, dass Sie genug Proteine essen. Die sind wichtig für den Muskelaufbau und sorgen dafür, dass Sie gut satt werden. Normalgewichtige brauchen 1 bis 1,2 Gramm Eiweiß pro Kilo Körpergewicht.

3

Verwenden Sie regelmäßig gesunde Öle und Fette, die reichlich ungesättigte Omega-3- und Omega-6-Fettsäuren enthalten. Der Körper kann diese nicht selbst herstellen, benötigt sie aber, um den Fettstoffwechsel zu regulieren. Sie können sogar beim Abnehmen helfen.

4

Unterscheiden Sie bei Kohlenhydraten! Die schnellen wie weißer Zucker liefern nur kurzfristig Energie; die sollten Sie weitesgehend einsparen. Stattdessen sollten Sie darauf achten, ausreichend langsame Kohlenhydrate, also gesunde Ballaststoffe, zu sich zu nehmen. 30 Gramm pro Tag sind ideal.

5

Machen Sie gesunde Mahlzeiten mit Superfoods nach und nach zur Regel. Essen Sie dreimal täglich und vermeiden Sie das Snacken zwischendurch. Süßigkeiten sollten Sie sich nicht verbieten, aber immer als Ausnahme betrachten. Faustregel: 25 Gramm Zucker am Tag sind in Ordnung.

6

Bereiten Sie Ihr Essen schonend zu. Dünsten oder dämpfen Sie Gemüse, statt es zu kochen. Schneiden Sie es vorher in Stücke, sodass die Garzeit möglichst kurz ist. Braten Sie nicht bei starker, sondern bei mäßiger Hitze. So bleiben mehr wertvolle Vitamine und Mineralstoffe erhalten.

EVERYBODY'S DARLING

Die Deutschen lieben Äpfel. Kein anderes Obst ist so begehrt wie die knackigen bunten Kugeln, deren innere Werte gleich unter der Schale sitzen. Lesen Sie hier, was alles in Äpfeln steckt und wie Sie das Beste für sich herausholen.

„An apple a day keeps the doctor away." Dieser Satz ist so einprägsam, dass er immer wieder zitiert wird. Natürlich stimmt er nicht ganz – das wäre ja zu schön. Doch er hat einen wahren Kern. Äpfel sind gesunde Allrounder, ihr extrem hoher Vitamin-C-Gehalt zeichnet sie als Gesundmacher und Gesunderhalter aus. Kein Wunder, dass sie das beliebteste Obst der Deutschen sind. Neben Vitamin C haben Äpfel aber noch einiges mehr zu bieten: reichlich Mineralstoffe, zu denen auch das lebensnotwendige Kalium gehört, viel Eisen sowie wichtige Vitamine wie Betacarotin (Provitamin A), die Vitamine B_1, B_2, B_6 und E sowie Niacin und nicht zuletzt Folsäure.

VIELE BALLASTSTOFFE UND WENIG FRUCHTZUCKER

Doch es sind nicht nur die vielen Vitamine, die den Apfel so wertvoll machen. Weitere Pluspunkte sind seine sekundären Pflanzenstoffe in Kombination mit reichlich Ballaststoffen und wenig Fruchtzucker. Die sekundären Pflanzenstoffe im Apfel bestehen vor allem aus Flavonoiden und Phenolsäuren (siehe Seite 7). Das sind Stoffe, die die Äpfel selbst bilden, um sich vor Pilzen und Insekten zu schützen. Sie haben auch für den Menschen positive Eigenschaften, weil sie unseren Organismus vor Herz-Kreislauf-Erkrankungen schützen und teilweise auch gegen Krebs vorbeugen können. Besonders viele Polyphenole erhält man übrigens, wenn man alte Apfelsorten (etwa Cox oder Boskop, siehe Seite 22) oder Bio-Äpfel kauft oder die Früchte als Streuobst sammelt.

IM KÜHLSCHRANK ODER KELLER LAGERN

Reife Äpfel erkennen Sie mit der Nase: Riechen sie aromatisch, sind sie perfekt. Kaufen Sie bevorzugt Bio-Äpfel aus der Region: Kurze Transportwege schonen die Umwelt und die Äpfel sind frischer. Da die Früchte sich bei 2 bis 5 °C am wohlsten fühlen, sollten sie im Kühlschrank oder Keller gelagert werden und dort so liegen, dass sie sich nicht berühren. Auch mit Gemüse dürfen sie beim Lagern nicht in Kontakt kommen, da Äpfel das natürliche Reifungsgas Ethylen verströmen. Und vor dem Hineinbeißen gilt: erst waschen, dann mit einem sauberen Tuch abreiben.

WUSSTEN SIE, DASS …

… es allein in Deutschland etwa 2000 verschiedene Apfelsorten gibt, wir aber meist nur zwischen den zehn bekanntesten Sorten auswählen?

… ein Apfel nicht das Zähneputzen ersetzt? Er enthält Fruchtzucker, der nicht gut für die Zähne ist.

… man Äpfel (auch mit Wachsschalen) nicht schälen sollte? Die meisten Vitamine, sekundären Pflanzenstoffe und Ballaststoffe sitzen in oder direkt unter der Schale (siehe Seite 16).

… man Apfelkerne mitessen kann? Sie enthalten zwar Bitterstoffe, die beim Kauen in giftige Blausäure umgewandelt werden. Doch dafür müsste man etwa 1 Kilo Apfelkerne essen.

GESUNDHEITSTIPPS

- Das kennen Sie bestimmt noch aus Kindertagen: Bei Durchfall gab's geriebenen Apfel. Und warum? Äpfel liefern neben Flüssigkeit und Mineralstoffen auch reichlich Pektine, Ballaststoffe, die im Darm aufquellen und einen dünnen Stuhl verdicken (siehe Seite 12).
- Gegen Heiserkeit helfen gebratene Äpfel mit Honig.
- Bei Halsschmerzen kommt Doktor Apfel in Form von 1 TL Apfelessig und 1 EL Honig in 1 Glas heißem Wasser (ca. 200 ml) zum Einsatz.
- Einer Studie zufolge haben Menschen, die fünf oder mehr Äpfel mit Schale pro Woche essen, eine bessere Lungenfunktion. Verantwortlich dafür ist eine Flavonoidverbindung namens Quercetin, die vor allem in der Schale steckt.

BIRCHERMÜSLI MIT PHYSALIS

Schnell und gut: Säuerliche Cranberrys und Physalis mischen den Schweizer Müsli-Klassiker auf – und unterstützen das Immunsystem mit reichlich Carotinoiden.

Für 2 Personen
Zubereitungszeit: 20 Minuten

1 EL Rosinen
1 EL getrocknete Cranberrys
6 EL zarte Haferflocken
125 ml Milch (1,5 % Fett)
150 g Joghurt (3,5 % Fett)
1 EL flüssiger Honig
2 mittelgroße säuerliche Äpfel (z. B. Elstar)
2 EL Zitronensaft
40 g Haselnusskerne
10 Physalis

Nährwerte pro Portion: ca. 490 kcal, 13 g EW, 19 g F, 62 g KH, 7 g BST

+ Die Rosinen und Cranberrys grob hacken, mit den Haferflocken in eine Schüssel geben. Alles mit der Milch verrühren und etwa 10 Minuten quellen lassen, anschließend den Joghurt und den Honig unterrühren.

+ Inzwischen die Äpfel waschen, vierteln und entkernen. Die Viertel auf der Gemüsereibe grob raspeln und sofort mit dem Zitronensaft beträufeln, damit sie sich nicht bräunlich verfärben. Die Nüsse hacken und mit den Apfelraspeln unter die Obst-Flocken-Mischung rühren.

+ Zum Servieren den Müsli-Mix auf Schalen verteilen. Die Physalis aus den Hüllblättern lösen, waschen und trocken tupfen. Die Früchte jeweils halbieren und auf dem Birchermüsli verteilen.

Die Ernährungs-Docs

Geriebener Apfel ist nicht nur bei Durchfall ein bewährtes Hausmittel, er kann auch im gesunden Verdauungstrakt positiv wirken: Verantwortlich dafür sind Pektine, lösliche Ballaststoffe, die vor allem in der Schale stecken und erst geraspelt aktiviert werden. Sie quellen im Darm, nehmen Flüssigkeit auf, binden Krankheitserreger und Schadstoffe und helfen so dabei, Letztere auszuscheiden. Pektine sind daneben für unsere Darmflora ein begehrtes „Futter". Geht es den Mikrobakterien gut, profitieren davon auch unser Immunsystem und Wohlbefinden.

KOHLRABI-APFEL-CARPACCIO

Frisch und leicht: Äpfel bringen extraviel Vitamin C und E auf den Teller, wenn sie auf hauchdünne Kohlrabischeiben und eine edle Kürbiskern-Vinaigrette treffen.

Für 2 Personen
Zubereitungszeit: 20 Minuten

2 EL Kürbiskerne
2 EL Weißweinessig
1 TL körniger Senf
Salz, Pfeffer aus der Mühle
1 TL flüssiger Honig
2 EL Kürbiskernöl
2 EL kalt gepresstes Olivenöl
2 zarte Kohlrabis (à ca. 250 g)
2 kleine rotschalige Äpfel (z. B. Braeburn)
1 EL Zitronensaft
½ Beet Gartenkresse

Nährwerte pro Portion: ca. 360 kcal, 7 g EW, 25 g F, 22 g KH, 5 g BST

+ Die Kerne in einer Pfanne ohne Fett hell rösten, herausnehmen und abkühlen lassen. Für die Vinaigrette Essig, Senf, Salz, Pfeffer, Honig und 2 EL Wasser in einer Schüssel verrühren. Kürbiskern- und Olivenöl gut unterschlagen.

+ Die Kohlrabis putzen, die zarten inneren grünen Blätter beiseitelegen. Die Kohlrabis schälen und auf der Gemüsereibe oder mit einem scharfen Messer in sehr dünne Scheiben hobeln oder schneiden. Äpfel waschen und jeweils das Kerngehäuse mit einem Apfelausstecher entfernen. Äpfel quer in dünne Scheiben hobeln oder schneiden. Sofort mit dem Zitronensaft beträufeln, damit sie sich nicht bräunlich verfärben. Die Kohlrabi- und Apfelscheiben abwechselnd und leicht überlappend auf Tellern auslegen. Mit der Vinaigrette beträufeln und mit den Kürbiskernen bestreuen.

+ Zum Servieren das beiseitegelegte Kohlrabigrün bei Bedarf nochmals waschen, trocken tupfen und fein hacken. Die Kresse vom Beet abschneiden, waschen und trocken tupfen. Beides über das Carpaccio streuen.

Die Ernährungs-Docs

Nicht nur geschmacklich ergänzen sich Apfel und Kohlrabi perfekt – auch als gesunde Rohkost haben sie einiges zu bieten. Kohlrabis punkten nämlich mit einer beachtlichen Menge an Vitaminen und Mineralstoffen. Dazu gehören Kalium, Magnesium und Vitamin C – wichtige Mitspieler, um den Elektrolyt- und Säure-Basen-Haushalt aufrechtzuerhalten. Gleichzeitig versorgt die Knolle den Körper mit Betacarotin. Dieser Pfanzenfarbstoff soll unter anderem vor altersbedingten Augenerkrankungen, Krebskrankheiten und Gefäßveränderungen schützen.

OFEN-APFEL-FENCHEL MIT BLAUSCHIMMELKÄSE

Kartoffeln, Fenchel und Apfel mit Käse überbacken – fix vom Blech und superaromatisch. Den Nährstoffen zuliebe auch gerne mit Schale!

Für 2 Personen
Zubereitungszeit: 20 Minuten
Garen: 50 Minuten

1 Fenchel (ca. 350 g)
250 g kleine festkochende Kartoffeln (z. B. Drillinge)
½ Bio-Zitrone
Öl fürs Blech
2 EL raffiniertes Olivenöl
Salz, Pfeffer aus der Mühle
2 kleine rotschalige Äpfel (z. B. Roter Cox Orange)
60 g Blauschimmelkäse
50 g Walnusskerne

Nährwerte pro Portion: ca. 610 kcal, 15 g EW, 42 g F, 39 g KH, 8 g BST

+ Den Backofen auf 200 °C vorheizen. Den Fenchel putzen, waschen und halbieren, den Strunk entfernen und die Hälften in etwa 1 cm dicke Scheiben schneiden. Die Kartoffeln gründlich waschen und längs halbieren. Die Zitrone heiß waschen, abtrocknen und die Schale fein abreiben.

+ Ein Backblech mit Öl einfetten. In einer Schüssel das Olivenöl mit Zitronenschale, Salz und Pfeffer verrühren. Den Fenchel und die Kartoffelstücke darin mit dem Würzöl gut mischen und auf dem Blech verteilen. Im Ofen auf der mittleren Schiene etwa 40 Minuten garen.

+ Inzwischen die Äpfel waschen, vierteln und entkernen, die Viertel längs in Spalten schneiden. Den Käse grob zerpflücken. Die Nüsse grob hacken. Etwa 10 Minuten vor Ende der Garzeit das Blech herausnehmen, Äpfel, Nüsse und Käse auf dem Gemüse verteilen und im Ofen fertig garen. Sofort servieren. Nach Belieben mit Fenchelgrün garnieren.

Die Ernährungs-Docs
Der Gehalt an Vitaminen und Mineralstoffen ist in der Schale von Äpfeln bis zu siebenmal höher als im Fruchtfleisch – das ergaben Untersuchungen der Bundesforschungsanstalt in Karlsruhe. Zudem enthält ein Apfel mit Schale gut 40 Prozent mehr Antioxidantien als ein geschälter – diese wehren im Körper aggressive Sauerstoffradikale ab. Wichtig, wenn Sie Früchte mit Schale verwenden: gründlich unter lauwarmem Wasser waschen. Wer in puncto Pestizide (sie sitzen im Fruchtfleisch!) auf Nummer sicher gehen will, sollte Bioware kaufen.

APFEL-PILZ-PFANNE

Äpfel mit kräftig gewürzten Pilzen sind der Himmel auf Erden für alle Veggie-Fans: eine Powermahlzeit, die das Immunsystem pusht!

Für 2 Personen
Zubereitungszeit: 35 Minuten

500 g gemischte Pilze (z. B. Champignons, Kräuterseitlinge und Pfifferlinge)
2 Schalotten
1 Knoblauchzehe
3 Stiele Majoran
2 kleine säuerliche Äpfel (z. B. Boskop)
3 EL kalt gepresstes Olivenöl
Salz, Pfeffer aus der Mühle
50 ml Apfelwein (Cidre; ersatzweise glutenfreie Gemüsebrühe)
100 ml glutenfreie Gemüsebrühe
2 TL Butter
2 EL Schmand

Nährwerte pro Portion: ca. 380 kcal, 10 g EW, 26 g F, 19 g KH, 11 g BST

+ Die Pilze putzen, falls nötig, trocken abreiben und je nach Größe halbieren, vierteln oder in Stücke schneiden (Pfifferlinge vorsichtig waschen). Schalotten schälen und in Scheiben schneiden. Knoblauch schälen und fein würfeln. Majoran waschen, trocken tupfen und die Blätter abzupfen, 2 TL zum Garnieren beiseitelegen, Rest fein hacken. Äpfel waschen, vierteln, entkernen und in Spalten schneiden.

+ Die Pilze in einer großen Pfanne in 2 EL Öl bei starker Hitze unter Wenden etwa 5 Minuten goldbraun anbraten. Die Schalotten dazugeben und andünsten. Knoblauch und gehackten Majoran hinzufügen, alles mit Salz und Pfeffer würzen. Wein dazugießen und bei starker Hitze fast vollständig einkochen lassen. Brühe dazugießen, alles aufkochen und offen bei milder Hitze 2 bis 3 Minuten köcheln lassen.

+ Inzwischen in einer zweiten Pfanne das restliche Öl und die Butter erhitzen, die Apfelspalten darin auf jeder Seite 2 bis 3 Minuten anbraten. Zum Servieren den Schmand unter die Pilze rühren, mit Salz und Pfeffer abschmecken. Die Apfelspalten unterheben und alles mit dem beiseitegelegten Majoran bestreuen. Dazu schmeckt Kartoffelstampf.

Die Ernährungs-Docs
Ob Champignons, Pfifferlinge oder Kräuterseitlinge – Pilze sind eine gute Quelle für pflanzliches Eiweiß und essenzielle Aminosäuren. Diese Eiweißbausteine müssen über Nahrungsmittel (wie Fleisch oder Pilze) aufgenommen werden, weil der Körper sie nicht selbst bilden kann. Im Vergleich zu anderem Gemüse enthalten Pilze ausgesprochen viel Eiweiß.

APFELMUS-QUARKSPEISE MIT PUMPERNICKEL

Zugreifen erlaubt! Apfelmus wird hier mit Joghurt, Quark und Pumpernickel-Crunch zu einem nährstoffreichen Desserttraum geschichtet.

Für 4 Personen
Zubereitungszeit: 50 Minuten
Kühlen: 1 Stunde

1 kg säuerliche Äpfel (z. B. Berlepsch oder Gravensteiner)
2 EL Zitronensaft
½ TL Zimtpulver
3 Scheiben Pumpernickel (ca. 130 g)
2 EL Rohrohrzucker
250 g Magerquark
150 g griech. Joghurt (10 % Fett)
¼ TL gemahlene Vanille
4 TL Wildpreiselbeeren (aus dem Glas)

Nährwerte pro Portion: ca. 350 kcal, 11 g EW, 6 g F, 58 g KH, 8 g BST

+ Die Äpfel waschen, vierteln und samt Kerngehäuse in grobe Stücke schneiden. In einem großen Topf mit Zitronensaft beträufeln und 50 ml Wasser dazugießen. Alles bei mittlerer Hitze aufkochen, dann mit geschlossenem Deckel bei schwacher Hitze 20 bis 25 Minuten köcheln lassen, bis die Äpfel weich sind. Die Äpfel samt Kochsud durch ein Sieb oder die Flotte Lotte in eine Schüssel streichen, das Mus mit Zimt würzen und etwa 1 Stunde abkühlen lassen.

+ Inzwischen das Brot zerbröseln und in einer Pfanne ohne Fett etwa 4 Minuten rösten. 1 EL Zucker dazugeben und die Pumpernickelbrösel unter Rühren weitere 2 Minuten rösten. Herausnehmen und abkühlen lassen. Den Quark mit Joghurt, übrigem Zucker und Vanille glatt verrühren.

+ Zum Servieren abwechselnd Pumpernickelbrösel, Quarkmischung und Apfelmus in Gläser oder Schalen schichten, dabei mit 1 Klecks Apfelmus und Pumpernickelbröseln abschließen. Zuletzt mit je 1 TL Preiselbeeren toppen.

Die Ernährungs-Docs

Bei leichter Verstopfung ist ein Mus aus gekochten Äpfeln hilfreich. Die darin reichlich enthaltenen Pektine nehmen Wasser auf und dehnen den Darm durch ihre Volumenzunahme. Der Druck auf die Darmwand regt die natürliche Darmbewegung (Peristaltik) an, die Verdauung kommt wieder in Gang. Außerdem kann Apfelmus bei einer Magenverstimmung die Schleimhaut pflegen und regenerieren. Da die Pektine vor allem in der Schale und den Kernen stecken, sollten Sie Apfelmus immer aus ganzen Früchten samt Schale und Kerngehäuse kochen.

APPLE CRUMBLE MIT NUSS-CRUNCH

Wer die gedünsteten Äpfel mit knusprigen Nussstreuseln nascht, stärkt dank Magnesium und Zink seine Nerven und die Immunabwehr. Einen Nachschlag, bitte!

Für 2 Personen
Zubereitungszeit: 20 Minuten
Kühlen: 30 Minuten
Marinieren: 20 Minuten
Backen: 25 Minuten

15 g Haselnusskerne
20 g gemahlene Haselnüsse
40 g Rohrohrzucker
Zimtpulver
25 g Vollkorndinkelmehl
Salz, 30 g Butter
400 g säuerliche Äpfel (z. B. Cox Orange)
1 EL flüssiger Honig
1 ½ EL Zitronensaft
75 g Schmand
gemahlene Vanille

Nährwerte pro Portion: ca. 590 kcal, 6 g EW, 32 g F, 66 g KH, 6 g BST

+ Die ganzen Nüsse hacken. Mit den gemahlenen Nüssen, 30 g Zucker, 1 Prise Zimt, Mehl und 1 Prise Salz in einer Rührschüssel mischen. Butter in Stücken dazugeben und alles erst mit den Knethaken des Handrührgeräts, dann mit den Händen zu Streuseln kneten. 30 Minuten kühl stellen.

+ Inzwischen die Äpfel waschen, vierteln und entkernen, die Viertel längs in dünne Spalten schneiden. Den Honig mit dem Zitronensaft verrühren, die Apfelspalten darin wenden und anschließend nebeneinander in eine flache Auflaufform (ca. 20 x 25 cm) legen. Etwa 20 Minuten Saft ziehen lassen. Den Backofen auf 200 °C vorheizen.

+ Die Streuselmasse gleichmäßig auf den Äpfeln verteilen, sodass sie vollständig davon bedeckt sind. Den Crumble im Ofen (Umluft nicht empfehlenswert!) auf der 2. Schiene von unten etwa 25 Minuten goldbraun backen.

+ Währenddessen den Schmand mit dem übrigen Zucker und 1 Prise Vanille glatt rühren. Den Crumble aus dem Ofen nehmen und noch warm mit dem Schmand servieren.

Die Ernährungs-Docs

Greifen Sie bei Äpfeln bevorzugt zu alten Sorten wie Cox Orange, Boskop oder Gravensteiner. Sie lösen weniger Allergien aus als die neuen Sorten und liefern deutlich mehr sekundäre Pflanzenstoffe. Zu Letzteren zählen vor allem Polyphenole, die – so die Vermutung der Wissenschaftler – die allergieauslösenden Stoffe im Apfel behindern. Wichtig: Je länger Äpfel lagern, umso mehr Allergene sammeln sie an. Deshalb die Früchte am besten frisch essen!

DAS BLAUE WUNDER

Die dunkelblauen Superfrüchte sind Jung- und Fitmacher im Miniformat. Sie stärken das Immunsystem, stoppen Entzündungen, fördern die Verdauung, machen schlank und halten unsere Augen gesund.

Gäbe es eine Hitparade der heilenden Helfer aus der Natur, würden Blaubeeren einen Spitzenplatz einnehmen. So klein und unauffällig wie sie am Strauch hängen, so groß und stark ist ihre Heilkraft. Die blauen Kugeln sind Vitaminbomben und werden ihrem Ruf als Gesund- und Schönmacher voll gerecht, wenn man sich genauer ansieht, was alles in ihnen steckt. Da ist der hohe Gehalt an den Vitaminen C und E, die antibakteriell wirken und das Immunsystem stärken. Wertvolle Mineralstoffe, Spurenelemente und Ballaststoffe sind für unsere Gesundheit positiv. Hervorzuheben ist der Stoff Myrtillin, ein Anthocyan, das die Elastizität der Gefäße verbessert, das Blut dünnflüssiger macht und so vorbeugend gegen Herz-Kreislauf-Erkrankungen wirkt.

WENIG FRUCHTZUCKER, REICHLICH POLYPHENOLE

Blaubeeren können nachweislich vorbeugend gegen Kopfschmerzen, Entzündungen und Krankheiten wie etwa Parkinson wirken. Dass die Früchtchen auch als Schlankmacher gelten, liegt an ihrem niedrigen Fruchtzuckergehalt. Weil sie deshalb den Blutzucker- und Insulinspiegel nicht in die Höhe schnellen lassen, sind sie auch ideal für Diabetiker. Außerdem enthalten die Beeren sogenannte Polyphenole, sekundäre Pflanzenstoffe, die in unserem Körper antioxidativ wirken und entzündliche Prozesse hemmen. Es gibt sogar Studien, denen zufolge Blaubeeren das Krebsrisiko mindern. Unter allen Beeren enthalten die blauen Früchte die meisten sogenannten Radikalfänger, die unsere Zellen vor Substanzen schützen, die im Körper Schaden anrichten können.

WIRKSAMER SCHUTZ FÜR DIE BLUTGEFÄSSE DER AUGEN

Ein Müsli mit Blaubeeren zum Start in den Arbeitstag hilft gegen müde Augen. Das fanden Wissenschaftler heraus, nachdem Piloten berichtet hatten, dass sie bei Nachtflügen besser sehen konnten, wenn sie vor dem Flug Blaubeeren gegessen hatten. Kein Wunder, denn die Superfrüchte enthalten Anthocyane, Pflanzenstoffe, die den Beeren ihre kräftige Farbe verleihen und unter anderem die Blutgefäße im Auge vor Zellgiften schützen. Diese Stoffe sind auch an der Bildung eines Proteins beteiligt, das für das Sehen bei Dämmerung zuständig ist. Wer viel am Computer arbeitet oder bei Dunkelheit Auto fährt, sollte also vorher ruhig Blaubeeren essen. Dass die Früchte auch dem Gedächtnis auf die Sprünge helfen, ist ein willkommener Nebeneffekt.

BEERENVIELFALT

Auch andere Beeren wie Himbeeren, Brombeeren, Erdbeeren, Johannis- oder Stachelbeeren sind echte Superfrüchte. In der Top-Liga spielen dabei die Schwarzen Johannisbeeren, die den Pflanzenfarbstoff Anthocyan in besonders hoher Konzentration enthalten (siehe Seite 7). Auch Himbeeren sind kleine Wunderwaffen für die Gesundheit, weil sie reich an Vitaminen, Spurenelementen und sekundären Pflanzenstoffen sind.

FRISCH ODER TIEFGEKÜHLT?

Blaubeeren aus dem Supermarkt stammen meist aus Kulturanbau, werden also für den Verzehr gezüchtet. Sie sind aus Züchtungen der nordamerikanischen Wildheidelbeere hervorgegangen. Wilde Blaubeeren sind kleiner als die großen Zuchtbeeren. Sie schmecken aromatischer und gelten als gesünder, weil sie mehr Anthocyane enthalten. Bei uns sind die wilden Beerchen meist nur im Glas oder tiefgekühlt erhältlich. Die Namen Heidel- und Blaubeere werden oft synonym und je nach Region verwendet.

GESUNDHEITSTIPPS

- **Bei Zahnfleischentzündung zerkauen Sie mehrmals am Tag 1 EL getrocknete Blaubeeren und lassen den Saft 3 Minuten im Mund wirken.**
- **Getrocknete Blaubeeren sind auch ein bewährtes Hausmittel gegen Durchfall. Denn sie enthalten Gerbstoffe, die die Schleimhäute zusammenziehen.**
- **Ein Kräutertee aus Blaubeerblättern kann dazu beitragen, dass der Blutdruck sinkt.**

BEERIG IN DEN TAG

1 Handvoll Blaubeeren zum Frühstück fördert die Verdauung und schützt vor Blähungen oder Verstopfung.

BLAUBEER-KOKOS-BOWL MIT NÜSSEN

Für einen super Start in den Tag: Diese Bowl liefert nicht nur Vitamine, Mineralstoffe und gesunde Fette, sondern – dank Kokosjoghurt – auch eine gute Portion Eiweiß.

Für 2 Personen
Zubereitungszeit: 20 Minuten

- 2 EL Cashewkerne
- 2 EL Walnusskerne
- 2 EL kernige Dinkelflocken
- 2 EL Kokos-Chips
- 200 g Blaubeeren (frisch oder tiefgekühlt)
- 1 EL Ahornsirup
- 1 Msp. Zimtpulver
- 2 EL Orangensaft
- 1 EL Zitronensaft
- 300 g ungesüßter Kokosjoghurt (auf Sojadrinkbasis)

Nährwerte pro Portion: ca. 360 kcal, 12 g EW, 20 g F, 27 g KH, 9 g BST

+ Die Cashewkerne und Walnüsse grob hacken. Mit den Dinkelflocken und Kokos-Chips in einer Pfanne ohne Fett bei mittlerer Hitze unter Rühren hell rösten. Herausnehmen und abkühlen lassen.

+ Die Blaubeeren verlesen, waschen und trocken tupfen (tiefgekühlte Beeren rechtzeitig auftauen lassen). Die Hälfte der Beeren zum Garnieren beiseitelegen. Die restlichen Beeren mit Ahornsirup, Zimt, Orangen- und Zitronensaft in einem hohen Rührbecher mit dem Stabmixer oder im Mixer fein pürieren.

+ Zum Servieren den Joghurt durchrühren und auf Schalen (Bowls) verteilen. Das Blaubeerpüree mit einem Löffel mittig auf den Joghurt geben und nach Belieben sternförmig nach außen ziehen, sodass dekorative Spitzen entstehen. Die Flocken-Nuss-Mischung darauf verteilen und zuletzt alles mit den beiseitegelegten Blaubeeren garnieren.

Die Ernährungs-Docs
Um die volle Kraft der Antioxidantien in den Blaubeeren zu nutzen, ist es empfehlenswert, die Früchte nicht mit Milchprodukten zu kombinieren. Neue Studien konnten zeigen, dass Milcheiweiß die Wirkung des in den Beeren enthaltenen Radikalfängers Anthocyan (siehe Seite 7) verringert, auch wenn andere Inhaltsstoffe wie Vitamine, Mineralstoffe etc. davon unbeeinflusst bleiben. Besser: Für eine Blaubeer-Bowl oder ein Blaubeermüsli pflanzliche Alternativen wie ungesüßten Kokos- oder Sojajoghurt, Nuss-, Hafer- oder Reismilch nehmen.

BLAUBEER-MANDEL-PANCAKES

Diese fluffigen, kleinen Pfannkuchen dürfen beim Sonntagsfrühstück auf keinen Fall fehlen: Sie sind ballaststoffreich und ein süßer Sattmacher am Morgen.

Für 2 Personen
Zubereitungszeit: 30 Minuten
Quellen: 15 Minuten

2 Eier
100 ml ungesüßter Hafer- oder Sojadrink
1 EL Rohrohrzucker
30 g gemahlene Mandeln
1 EL getrocknete Blaubeeren
60 g Vollkorndinkelmehl
Salz, ½ TL Backpulver
150 g Blaubeeren
(frisch oder tiefgekühlt)
1 EL Mandelblättchen
2–3 TL natives Kokosöl
¼ TL Zimtpulver

Nährwerte pro Portion: ca. 440 kcal, 18 g EW, 23 g F, 33 g KH, 10 g BST

+ Die Eier mit Pflanzendrink und Zucker mit einem Schneebesen in einer Rührschüssel verquirlen. Die Mandeln und getrockneten Blaubeeren unterrühren. Mehl, 1 Prise Salz und Backpulver mischen und gut unter die Eiermasse rühren. Den Teig zugedeckt etwa 15 Minuten quellen lassen.

+ Inzwischen die frischen Blaubeeren waschen, verlesen und trocken tupfen (Tiefkühlware rechtzeitig auftauen lassen). Die Mandeln in einer Pfanne ohne Fett bei mittlerer Hitze hell rösten. Herausnehmen und abkühlen lassen.

+ In einer großen beschichteten Pfanne 2 TL Öl erhitzen. Pro Pancake 2 EL Teig hineingeben und auf jeder Seite bei mittlerer Hitze jeweils 1 bis 2 Minuten goldbraun backen. Herausnehmen und warm halten. Auf diese Weise den gesamten Teig verarbeiten, bei Bedarf noch etwas Öl hinzufügen. Zum Servieren die Pancakes mit den Blaubeeren auf Tellern anrichten, mit Zimt und Mandeln bestreuen. Nach Belieben mit 1 EL flüssigem Honig beträufeln.

Die Ernährungs-Docs
Blaubeeren sind – vor allem in getrockneter Form – reich an Pektinen. Diese Ballaststoffe nehmen in Magen und Darm Wasser auf und bilden eine Art Gel, das die Verdauung und die Aufnahme von Glukose verlangsamt. Der Blutzuckerspiegel steigt dadurch nach einer Mahlzeit langsamer an und man fühlt sich länger satt. Darüber hinaus wirken die Ballaststoffe in Blaubeeren cholesterinsenkend, indem sie Gallensäuren im Verdauungstrakt binden, aus denen der Körper sonst Cholesterin bilden würde.

AVOCADO-BLAUBEER-SALAT MIT MOZZARELLA

Ein leichtes Abendessen mit würzigem Dressing: Blaubeeren und Avocado punkten mit gesunden Inhaltsstoffen – vor allem mit Vitamin E, das entzündungshemmend wirkt.

Für 2 Personen
Zubereitungszeit: 20 Minuten

½ Bund Radieschen
100 g gemischter Salat (z. B. Eichblattsalat und Rucola)
125 g Blaubeeren
125 g Büffelmozzarella
30 g Parmesan (am Stück)
2 EL Balsamico bianco
Salz, Pfeffer aus der Mühle
1 TL scharfer Senf
3 EL kalt gepresstes Olivenöl
1 kleine rote Zwiebel
1 kleine reife Avocado

Nährwerte pro Portion: ca. 510 kcal, 19 g EW, 42 g F, 12 g KH, 7 g BST

+ Die Radieschen putzen, waschen und in Scheiben schneiden. Den Salat waschen, trocken schütteln, putzen und in mundgerechte Stücke zupfen. Die Blaubeeren verlesen, waschen und trocken tupfen. Den Mozzarella abtropfen lassen und in grobe Stücke zupfen. Den Parmesan mit einem Sparschäler in Späne hobeln.

+ Für die Vinaigrette den Essig, 2 EL Wasser, Salz, Pfeffer und Senf verrühren und das Öl unterschlagen. Die Zwiebel schälen, fein würfeln und unter die Vinaigrette mischen.

+ Radieschen, Salat, Beeren und Mozzarella auf Teller verteilen. Die Avocado halbieren, entkernen, das Fruchtfleisch mit einem großen Löffel aus der Schale heben und quer in Scheiben schneiden. Die Avocado auf dem Salat anrichten.

+ Zum Servieren den Salat mit der Vinaigrette beträufeln und mit den Parmesanspänen bestreuen.

Die Ernährungs-Docs

Hätten Sie gewusst, dass Avocados botanisch gesehen auch Beeren sind? Besonders wertvoll sind sie wegen ihres gesunden Fetts, das etwa 30 Prozent ihrer Masse ausmacht. Zusätzlich sind Avocados wahre Vitaminbomben und halten lange satt, ohne den Insulinspiegel in die Höhe zu treiben. Blau und Grün ist hier also ein echtes Dream-Team!

GEMÜSE-BULGUR MIT BLAUBEEREN

Blaubeeren können nicht nur süß! Hier bringen sie Farbe und Frische in den Bulgur – und helfen mit ihren Inhaltsstoffen nebenbei dem Gedächtnis auf die Sprünge.

Für 2 Personen
Zubereitungszeit: 35 Minuten

1 kleine rote Zwiebel
2 Möhren
200 g Zucchini
1 EL raffiniertes Olivenöl
½ TL gemahlener Kreuzkümmel
½ TL rosenscharfes Paprikapulver
Salz, Pfeffer aus der Mühle
100 g Bulgur
200 ml Gemüsebrühe
100 g Kichererbsen (aus der Dose)
20 g Walnusskerne
150 g Blaubeeren
je 3 Stiele Petersilie und Koriandergrün
½ TL abgeriebene Bio-Zitronenschale
100 g griech. Joghurt (10 % Fett)

Nährwerte pro Portion: ca. 480 kcal, 12 g EW, 21 g F, 52 g KH, 14 g BST

+ Die Zwiebel schälen und fein würfeln. Möhren putzen, schälen und etwa 1 cm groß würfeln. Die Zucchini putzen, waschen, längs vierteln und in Scheiben schneiden.

+ Die Zwiebel in einem Topf im Öl andünsten, Möhren unterrühren und etwa 3 Minuten mitdünsten. Zucchini dazugeben und ebenfalls etwa 2 Minuten mitdünsten. Alles mit Kreuzkümmel, Paprika, Salz und Pfeffer würzen. Bulgur und Brühe dazugeben. Alles mit geschlossenem Deckel aufkochen, bei milder Hitze etwa 20 Minuten quellen lassen.

+ Inzwischen die Kichererbsen in ein Sieb abgießen, abbrausen und abtropfen lassen. Nüsse grob hacken. Beeren verlesen, waschen und trocken tupfen. Kräuter waschen, trocken tupfen, die Blätter abzupfen und fein hacken.

+ Kichererbsen, Nüsse, Beeren und die Hälfte der Kräuter unter den Bulgur mischen, mit Salz, Pfeffer und Zitronenschale würzen. Zum Servieren den Bulgur auf Teller verteilen, mit den übrigen Kräutern bestreuen und mit dem Joghurt anrichten. Dazu passt gebratenes Hähnchenfilet.

Die Ernährungs-Docs
Mehrere wissenschaftliche Studien haben gezeigt, dass der regelmäßige Genuss von Kichererbsen das Risiko von Herzerkrankungen reduzieren kann. Warum? Die Hülsenfrüchte liefern sekundäre Pflanzenstoffe wie die Flavonoide Quercetin, Kämpferol und Myricetin, die in hohem Maße antioxidativ wirken. Sie halten die Blutgefäße elastisch und verbessern die Fließeigenschaften des Bluts.

GEGRILLTER HALLOUMI MIT BLAUBEER-ROSMARIN-SAUCE

Müde und träge? Dann sorgt der Grillkäse mit fruchtig-pikanter Sauce für würzigen Veggie-Genuss und hilft mit Rosmarin schnell über das Leistungstief hinweg.

Für 2 Personen
Zubereitungszeit: 20 Minuten

250 g Halloumi (Grillkäse)
1 TL abgeriebene Bio-Zitronenschale
3 EL raffiniertes Olivenöl
Pfeffer aus der Mühle
2 kleine Zweige Rosmarin
150 g Blaubeeren (frisch oder tiefgekühlt)
2 TL flüssiger Honig
2 EL Rotweinessig
Salz

Nährwerte pro Portion: ca. 670 kcal, 35 g EW, 53 g F, 11 g KH, 4 g BST

+ Den Halloumi trocken tupfen und in etwa 1½ cm dicke Scheiben schneiden. Die Zitronenschale mit 1½ EL Öl und Pfeffer verrühren. Die Halloumischeiben im Zitronenöl wenden und zugedeckt etwa 15 Minuten marinieren.

+ Inzwischen 1 EL Öl in einem kleinen Topf erhitzen und die Rosmarinzweige darin bei milder Hitze 3 bis 4 Minuten ziehen lassen. Die Beeren verlesen, waschen und trocken tupfen (Tiefkühlware rechtzeitig auftauen lassen). Danach 100 g Beeren und den Honig zum Rosmarin geben und etwa 1 Minute köcheln lassen. Den Essig und 50 ml Wasser dazugießen, alles bei mittlerer Hitze 2 bis 3 Minuten einkochen lassen. Die Sauce vom Herd nehmen, die Rosmarinzweige wieder entfernen. Die übrigen Beeren in die Sauce geben, mit Salz und Pfeffer würzen und zugedeckt warm halten.

+ Eine Grillpfanne erhitzen und mit dem restlichen Öl einfetten. Die Halloumischeiben darin auf jeder Seite bei mittlerer bis starker Hitze etwa 3 Minuten goldbraun braten. Zum Servieren den Halloumi mit der Sauce auf Tellern anrichten. Dazu passt Vollkornbaguette.

Die Ernährungs-Docs
Rosmarin ist ein Star unter den Kräutern – vor allem in der mediterranen Küche kommt man ohne ihn nicht aus. Aus gutem Grund: Als Gewürz in Speisen aktiviert das duftende Kraut Leber und Galle, stärkt die Nerven und regt Herz und Kreislauf an. Rosmarin wirkt auch leicht antibakteriell, hilft gegen Blähungen und beugt der vorzeitigen Arteriosklerose vor.

BLAUBEERJOGHURT MIT ORANGEN-NUSS-MIX

Sommerglück im Glas: Rote und blaue Beeren mit Joghurt und gewürzten Nüssen – das bringt den Stoffwechsel und die Immunabwehr in Schwung.

Für 2 Personen
Zubereitungszeit: 20 Minuten

2 TL Pinienkerne
2 TL Pistazienkerne
2 Stiele Minze
1 Bio-Orange (nur die Schale)
200 g Blaubeeren
125 g Himbeeren
200 g griech. Joghurt (10 % Fett)
2 TL flüssiger Honig

Nährwerte pro Portion: ca. 230 kcal, 6 g EW, 15 g F, 14 g KH, 4 g BST

+ Die Pinien- und Pistazienkerne in einer Pfanne ohne Fett bei mittlerer Hitze hell rösten. Herausnehmen, kurz abkühlen lassen und grob hacken.

+ Die Minze waschen, trocken tupfen, die Blätter abzupfen und fein hacken. Die Orange heiß waschen, abtrocknen und ½ TL Schale fein abreiben. Mit den gerösteten Kernen und der Minze mischen.

+ Die Blaubeeren und Himbeeren verlesen, waschen und trocken tupfen. Die Hälfte der Beeren in einem hohen Rührbecher mit dem Stabmixer fein pürieren. Die Hälfte des Beerenpürees mit dem Joghurt verrühren.

+ Die übrigen Blau- und Himbeeren mit dem Beerenjoghurt und der restlichen Beerensauce in Gläser schichten. Dabei mit den Beeren abschließen. Zum Servieren mit dem Orangen-Nuss-Mix bestreuen und mit je 1 TL Honig beträufeln.

Die Ernährungs-Docs

Pistazien haben einen stattlichen Anteil an Fett (vor allem ungesättigte Fettsäuren), Eiweiß und antioxidativ wirkenden Verbindungen wie Vitamin E, Carotinoide und Flavonoide. Diese Inhaltsstoffe können entzündlichen Erkrankungen und Herz-Kreislauf-Beschwerden entgegenwirken und auch beim Abnehmen helfen. Übrigens: Je grüner die Pistazienkerne sind, desto mehr zellschützende Carotinoide wie Betacarotin, Lutein und Zeaxanthin enthalten sie.

GRÜNE VITAMINBOMBEN

Ob Petersilie, Basilikum, Brunnenkresse oder Löwenzahn: Aromatische Kräuter sind echte Künstler in der Küche, mit denen Sie ganz nebenbei viel Gutes für Ihre Gesundheit tun können.

DER TAUSENDSASSA

Ob kraus oder glatt – **Petersilie** ist ein echter Allrounder. Das grüne Kraut entwässert, fördert die Blutbildung, stärkt das Herz und schützt die Lunge. Grüne Farbstoffe sollen günstig auf die kleinsten Blutgefäße, Blutbildung und Immunabwehr wirken. Bereits die alten Griechen und Römer sahen die Pflanze zu Recht vor allem als Medizin. Tipp: Die Blätter erst kurz vor dem Essen schneiden oder hacken, damit das Aroma und das wichtige Vitamin C (über 100 mg pro 100 g) sich nicht verflüchtigen.

GESUNDHEITSTIPPS

- Muntermacher und Mini-Detoxkur: Übergießen Sie 2 TL gehackte Petersilie mit heißem Wasser und lassen den Tee ziehen. 2 bis 3 Tassen Petersilientee am Tag wirken wie eine Reinigung von innen.
- Knabbern Sie bei Blähungen nach dem Essen 2 Stängel Petersilie.

GESUNDE GAUMENFREUDE

Wir kennen **Basilikum** vor allem aus der italienischen Küche. Das Königskraut mit dem außergewöhnlichen Geruch verleiht nicht nur Pizza, Pesto und Pasta mediterranen Zauber. Sein Reichtum an Spurenelementen, Mineralstoffen, Vitaminen und ätherischen Ölen macht es zur gesunden Gaumenfreude. Basilikum fördert die Fettverdauung und kann bei Magenverstimmung helfen.

GESUNDHEITSTIPP

Bei Verdauungsproblemen hilft ein Basilikumtee: Übergießen Sie für 1 Tasse Tee 1 Handvoll frische Blätter mit 200 ml kochendem Wasser und lassen Sie diese etwa 7 Minuten ziehen. Statt frischer Blätter können Sie auch getrocknete verwenden (man benötigt ca. 1 TL pro Tasse).

KLEIN, ABER OHO

Brunnenkresse ist fast rund ums Jahr ein wichtiger Vitaminspender. Ob ätherische Öle, gesunde Bitterstoffe, Eisen, Jod, Kalium, Senföle oder Zink: In den Blättchen steckt einiges drin. Entsprechend vielfältig ist ihre Heilwirkung, zum Beispiel bei Fieber, Gicht, Rheuma, Lebererkrankungen, Hautproblemen, Menstruationsstörungen, Stoffwechsel- oder Verdauungsproblemen. Das große Plus: der hohe Gehalt an sekundären Pflanzenstoffen, denen das Powerkraut sein würziges Aroma verdankt. Verwenden Sie Brunnenkresse im Salat sparsam, damit ihr kräftiger Geschmack erfrischend bleibt.

GESUNDHEITSTIPPS

- Zerquetschen Sie Brunnenkresse zu einem Mus, das mit einem Tuch auf Hautunreinheiten oder Altersflecken fixiert wird. Ein paar Stunden wirken lassen, um die Symptome zu lindern.
- Brunnenkresse hilft gegen Jodmangel.

PUSTEBLUME MIT POWER

Im Garten müsste für **Löwenzahn** eigentlich gelten: essen statt mähen. Je jünger die Pflanze ist, desto zarter sind die Blätter. Man kann Löwenzahn andünsten, roh als Salat essen oder zu einem grünen Smoothie verarbeiten. Die Blätter sind reich an gesunden Vitaminen, Mineral- und Bitterstoffen (wie Taraxacin, siehe Seite 7). Sie enthalten auch die sekundären Pflanzenstoffe Inulin und Cholin. Therapeutisch kommt Löwenzahn bei Magen-Darm-Beschwerden, Appetitlosigkeit und Verdauungsstörungen zum Einsatz. Wegen der Schadstoffbelastung sollten Sie die Blätter niemals an Straßenrändern oder Bürgersteigen ernten.

GESUNDHEITSTIPPS

- Für glatte Haut 1 Handvoll Löwenzahnblätter in 400 ml Wasser sieden. Abseihen, kurz kühlen lassen und das Gesicht damit waschen.
- Zur äußeren Anwendung tragen Sie den milchigen Saft aus den Blütenstielen mehrmals auf, um Warzen oder Juckreiz nach Mückenstichen zu bekämpfen.
- Bauchschmerzen oder Völlegefühl? Da hilft Löwenzahntee: 2 TL Löwenzahnkraut in 250 ml Wasser aufkochen und 10 Minuten ziehen lassen.

DER KÜCHENSTAR AM STIEL

Grüne Röschen als Gesundmacher: Brokkoli gehört zu den besten Lebensmitteln der Welt und hat seinen Verwandten aus der Kohlfamilie geschmacklich einiges voraus. Seine größte Stärke ist die krebsvorbeugende Wirkung. Er kann aber noch viel mehr.

Die originell aussehenden „Brokkoli-Bäume" sind bei Gourmets und Gesundheitsbewussten gleichermaßen beliebt. Feinschmecker wissen zu schätzen, dass der kleine Kohl geschmacklich eher in Richtung grüner Spargel als in Richtung Kohl geht. Reich an Eiweiß, hochwertigen Kohlenhydraten und Mineralstoffen ist Brokkoli ein zuverlässiger Vitaminlieferant. Allein sein Vitamin-C-Gehalt ist doppelt so hoch wie der von Blumenkohl. Wie andere Superfoods wirkt der Kohl am Stiel auch entzündungshemmend, abwehrstärkend und kann Erkältungen im Keim ersticken. Seine große Stärke liegt jedoch in seiner krebsvorbeugenden Wirkung, die auf den enthaltenen Senfölglykosiden beruht (siehe rechts).

DIE KOHLFAMILIE

Enge Verwandte sind Blumenkohl, Chinakohl, Grünkohl, Kohlrabi, Weißkohl, Rosenkohl, Rotkohl, Wirsing, Romanesco, Pak Choi und Spitzkohl. Sie alle zählen zur Familie der Kreuzblütler und enthalten den markanten sekundären Pflanzenstoff Sulforaphan, ein Senfölglykosid (siehe rechts).

DIE BESTE ZUBEREITUNG: DÜNSTEN UND DÄMPFEN

Bei uns wächst Brokkoli von Juni bis November; außerhalb der Saison wird er vor allem aus Spanien und Italien importiert. Beim Lagern erweist er sich als äußerst empfindlich. Wird er nicht sofort gegessen, verwelkt er schnell und verliert sein knackiges Grün. Im Kühlschrank hält Brokkoli 2 Tage, wenn er in Frischhaltefolie verpackt wird. Um das Beste herauszuholen, sollten Sie beim Kauf auf die Farbe achten: Sind bereits gelbe Stellen zu sehen, ist der kalorienarme Gesundmacher nicht mehr frisch. Besonders formschön und nährstoffreich bleibt er, wenn seine Röschen schonend (kürzer als 5 Minuten!) gedünstet oder gedämpft statt gekocht werden. Übrigens: Auch Diabetiker können das grüne Gemüse bedenkenlos genießen, denn es enthält kaum Kohlenhydrate.

GESUNDHEITSTIPPS

- Brokkoli wirkt auch auf die Seele. Das darin enthaltene Kalium hilft, psychische Tiefs zu überwinden und die Folgen von Stress zu bewältigen.
- Der Kohl enthält reichlich Eisen, das die Konzentrationsfähigkeit stärkt und wach macht.
- Der Wirkstoff Glucoraphanin im Brokkoli, die bioaktive Vorstufe von Sulforaphan (siehe rechts), fördert die Regeneration der Haut und erhält ihre Spannkraft. So schützt Brokkoli uns vor vorzeitigem Altern.

EINE SUBSTANZ, DIE KREBS BEKÄMPFEN KANN

Der Inhaltsstoff Sulforaphan aus Brokkoli hemmt Blasenkrebs und hat sich Studien zufolge auch im Kampf gegen Brust-, Prostata- und Darmkrebs bewährt. Zusammen mit Rosenkohl gehört der Wunderkohl zu den Gemüsearten, die den Körper dazu anregen, eine krebsbekämpfende Substanz mit dem Namen Indol-3-Carbinol (I3C) zu bilden. Diese ist in der Lage, Krebszellen den Weg zu versperren, und kann so verhindern, dass sich die Krankheit im Körper ausbreitet. Laut aktueller Studien unterstützen gute Darmbakterien die Freisetzung von Sulforaphan aus Brokkoli. Eine gesunde Darmflora oder Probiotika zum Essen (z. B. in Joghurt) können demnach die krebspräventive Kraft von Brokkoli und Co. steigern.

WUSSTEN SIE, DASS …

… Brokkoli die Libido ankurbelt? Er hat Einfluss auf den Hormonhaushalt, kann Testosteron steigern und Östrogen senken.

… Brokkoli eine gute Kalziumquelle für alle ist, die keine Milch trinken?

… eine 21-tägige Kur mit Brokkolibrühe die Prostata auf Trab bringen soll?

… Brokkoli so etwas wie essbarer Sonnenschutz ist. Dank seines Vitamin-C-Gehalts kann er die Haut von innen vor UV-Strahlung schützen.

BROKKOLI-BRUNNENKRESSE-AUFSTRICH

Ein Vitalstoff-Booster par excellence: Wer Brokkoli als streichzarte Paste mit frischer Brunnenkresse und Mandeln isst, regt im Nu den Stoffwechsel aller Zellen an.

Für 1 Glas (ca. 250 ml; 4 Portionen)
Zubereitungszeit: 30 Minuten

125 g Brokkoli
Salz
50 g Mandeln
1 kleine Schalotte
2 EL kalt gepresstes Olivenöl
40 g Brunnenkresse
(ersatzweise Gartenkresse)
Pfeffer aus der Mühle

Nährwerte pro Portion: ca. 130 kcal, 4 g EW, 12 g F, 2 g KH, 2 g BST

+ Den Brokkoli putzen, waschen und in Röschen teilen, den Strunk schälen und grob würfeln. Brokkoliröschen und -strunk in kochendem Salzwasser etwa 3 Minuten garen. In ein Sieb abgießen, kalt abschrecken und abtropfen lassen.

+ Inzwischen die Mandeln in einer Schale mit kochendem Wasser übergießen und etwa 5 Minuten ziehen lassen. Dann in ein Sieb abgießen, kalt abschrecken und häuten. Schalotte schälen, fein würfeln und in einer Pfanne in 1 EL Öl bei mittlerer Hitze andünsten. Mandeln dazugeben und 2 bis 3 Minuten dünsten, vom Herd nehmen und beiseitelegen.

+ Kresse waschen, trocken tupfen, grobe Stiele entfernen und die Hälfte der Blätter grob hacken. Brokkoli, Mandel-Mix und gehackte Kresse mit dem übrigen Öl in einem hohen Rührbecher mit dem Stabmixer oder im Mixer fein pürieren.

+ Zum Servieren die übrige Kresse fein hacken und unterrühren, mit Salz und Pfeffer würzen, in ein sauberes Glas füllen und verschließen. Der Aufstrich hält sich gekühlt bis zu 2 Wochen. Dazu passt glutenfreies Brot.

Die Ernährungs-Docs
Brunnenkresse ist der neue Superstar unter den grünen Blattgemüsen (siehe Seite 39). Sie hat eine besonders hohe Nährstoffdichte und enthält neben allen wichtigen Vitaminen, Eisen, Folsäure und Kalzium sehr viele antioxidativ wirkende Stoffe. Dazu gehören auch die Glucosinolate (siehe Seite 7), die antibiotische und antientzündliche Eigenschaften haben.

BROKKOLI-KOKOS-SUPPE

Die kokoscremige Suppe mit Asia-Aromen pusht den Stoffwechsel, gibt Kraft und Energie. Außerdem polstert reichlich Magnesium die Nerven gegen Stress.

Für 2 Personen
Zubereitungszeit: 30 Minuten

300 g Brokkoli
1 kleine Zwiebel
20 g Ingwer
1 Knoblauchzehe
½ Bund Koriandergrün
1 EL natives Kokosöl
100 g tiefgekühlte Erbsen
400 ml glutenfreie Gemüsebrühe
200 ml Kokosmilch
Salz, Pfeffer aus der Mühle
2 EL Erdnusskerne
½ TL Chiliflocken (Pul biber)
2 TL Limettensaft

Nährwerte pro Portion: ca. 330 kcal, 12 g EW, 22 g F, 15 g KH, 8 g BST

+ Den Brokkoli putzen, waschen und in Röschen teilen, 50 g davon beiseitelegen. Den Strunk schälen und würfeln. Zwiebel, Ingwer und Knoblauch schälen und fein würfeln. Das Koriandergrün waschen, trocken tupfen, die Blätter abzupfen und die Stiele getrennt fein hacken.

+ Das Öl in einem Topf erhitzen und Zwiebel, Ingwer und Knoblauch darin etwa 3 Minuten andünsten. Brokkoli, tiefgekühlte Erbsen und Korianderstiele dazugeben und etwa 1 Minute mitdünsten. Die Brühe dazugießen und die Kokosmilch unterrühren, alles mit Salz und Pfeffer würzen. Die Suppe mit geschlossenem Deckel aufkochen und bei mittlerer Hitze etwa 15 Minuten garen.

+ Inzwischen etwas Koriandergrün zum Garnieren beiseitelegen, die übrigen Blätter mit den Erdnüssen und dem beiseitegelegten Brokkoli hacken. Chiliflocken und Salz untermischen. Dann die Suppe im Topf mit dem Stabmixer fein pürieren, mit Salz, Pfeffer und Limettensaft abschmecken. Zum Servieren die Suppe auf tiefe Teller oder Schalen verteilen und mit dem Erdnuss-Koriander-Mix bestreuen. Mit den beiseitegelegten Korianderblättern garnieren.

Die Ernährungs-Docs
Kokosöl besteht zu rund 90 Prozent aus gesättigten Fettsäuren, die nicht mehr als 10 Prozent der Energie, die man täglich zu sich nimmt, ausmachen sollten. Diese Fettsäuren stehen im Verdacht, das LDL-Cholesterin zu erhöhen, was wiederum ein Risiko für Herz-Kreislauf-Erkrankungen sein kann. Wer Kokosöl gelegentlich verwendet, muss sich aber keine Sorgen machen. Es hält hohe Temperaturen aus (bis 200 °C) und eignet sich daher auch zum Anbraten.

BROKKOLI-TOFU-WOK

Gesunde Grüße aus Fernost: Brokkoli und Möhren sorgen nicht nur für Farbe und Biss, sondern auch für reichlich Vitamine. Tofu und Mandeln liefern wertvolles Eiweiß.

Für 2 Personen
Zubereitungszeit: 35 Minuten
Marinieren: 30 Minuten

1 Knoblauchzehe
10 g Ingwer
2 TL dunkles Sesamöl
250 g Tofu
50 g geschälte Mandeln
400 g Brokkoli
1 große rote Paprikaschote
1 rote Zwiebel
1 kleine rote Chilischote
3 EL raffiniertes Olivenöl, Salz
250 ml glutenfreie Gemüsebrühe
2–3 EL glutenfreie Sojasauce (z. B. Tamari)
50 g Mungobohnensprossen
Pfeffer aus der Mühle
1–2 EL Limettensaft

Nährwerte pro Portion: ca. 620 kcal, 34 g EW, 44 g F, 16 g KH, 12 g BST

+ Knoblauch schälen und fein würfeln. Ingwer schälen und fein reiben. Beides mit Sesamöl mischen. Den Tofu in etwa 1 cm große Würfel schneiden und im Würzöl zugedeckt etwa 30 Minuten marinieren. Die Mandeln in einer Pfanne ohne Fett hell rösten, herausnehmen und abkühlen lassen.

+ Den Brokkoli putzen, waschen und in Röschen teilen. Den Strunk schälen und in etwa 1 cm große Würfel schneiden. Die Paprika längs vierteln, putzen, waschen und in feine Streifen schneiden. Die Zwiebel schälen, halbieren und ebenfalls in feine Streifen schneiden. Die Chili längs halbieren, putzen, waschen und fein würfeln.

+ Den Tofu im Wok in 1 EL Olivenöl bei starker Hitze unter Wenden 3 bis 4 Minuten rundum goldbraun anbraten. Salzen, beiseitelegen. Das übrige Öl in Wok oder Pfanne erhitzen, Brokkoli, Paprika, Zwiebel und Chili darin etwa 2 Minuten anbraten. Dann Brühe und Sojasauce dazugießen, alles mit geschlossenem Deckel bei mittlerer Hitze etwa 5 Minuten bissfest garen. Inzwischen die Sprossen in einem Sieb heiß abbrausen und abtropfen lassen, mit Tofu und Mandeln untermischen. Alles nochmals mit Salz, Pfeffer, Limettensaft und Sojasauce abschmecken. Dazu schmeckt Vollkornreis.

Die Ernährungs-Docs

Mit der richtigen Lebensmittelauswahl ist es kein Problem, auch ohne Milchprodukte auf die empfohlene Menge von rund 1 Gramm Kalzium täglich zu kommen. Selbst ein erhöhter Bedarf kann mit diesem Gemüse-Wok gedeckt werden: Denn in Brokkoli, Mandeln und Tofu steckt viel Kalzium, das in Kombination mit Phosphor der wichtigste Baustoff für Knochen und Zähne ist.

KRÄUTER-BROKKOLI-„COUSCOUS" MIT FETA-DIP

Fein zerkleinert kann roher Brokkoli wunderbar Couscous oder Reis ersetzen: So kommen reichlich Vitamin C und Ballaststoffe auf den Teller.

Für 2 Personen
Zubereitungszeit: 30 Minuten

400 g Brokkoli
1 Bio-Zitrone
1 kleine rote Chilischote
Salz, Pfeffer aus der Mühle
50 g Cashewkerne
300 g Tomaten
½ Bund Koriandergrün
½ Bund Petersilie
1 EL kalt gepresstes Olivenöl
50 g Feta (Schafskäse)
150 g Joghurt (3,5 % Fett)

Nährwerte pro Portion: ca. 400 kcal, 19 g EW, 26 g F, 18 g KH, 7 g BST

+ Den Brokkoli putzen, waschen und in Röschen teilen, den Strunk schälen und würfeln. Alles im Mixer oder in einer Küchenmaschine in mehreren Portionen reiskorngroß zerkleinern (nicht zu fein, sonst wird der Brokkoli musig).

+ Die Zitrone heiß waschen, abtrocknen, 2 TL Schale fein abreiben und 4 EL Saft auspressen. Chili längs halbieren, putzen, waschen und würfeln. 3 EL Zitronensaft mit Zitronenschale, Chili, Salz und Pfeffer verrühren, mit dem Brokkoli mischen und etwa 10 Minuten ziehen lassen.

+ Cashews in einer Pfanne ohne Fett goldbraun rösten. Herausnehmen und abkühlen lassen. Tomaten waschen, achteln, dabei die Stielansätze entfernen. Kräuter waschen, trocken tupfen, Blätter abzupfen und mit Cashews grob hacken. Mit Tomaten und Öl unter den Brokkoli mischen.

+ Brokkoli-„Couscous" mit übrigem Zitronensaft, Salz und Pfeffer würzen. Feta zerbröseln, unter den Joghurt mischen. Brokkoli-„Couscous" mit dem Feta-Dip auf Tellern anrichten.

Die Ernährungs-Docs

Brokkoli kann man roh essen – dann ist er sogar noch gesünder: Die Vitamine C und B_5 (Pantothensäure) sowie wichtige Mineralstoffe (Kalzium, Magnesium, Zink, Kalium) sind nämlich hitzeempfindlich. Roher Brokkoli kann allerdings bei Menschen mit empfindlicher Verdauung zu Bauchschmerzen oder Blähungen führen. Da hilft ein Trick: Wenn man den Kohl – wie in diesem Rezept – klein häckselt, ist er besser verträglich.

GRÜNES GEMÜSE MIT HÄHNCHEN

Schön knackig und grün: Das Gemüse wird nur kurz gedünstet – so bleiben die wertvollen Vitamine und der sekundäre Pflanzenstoff Chlorophyll weitgehend erhalten.

Für 2 Personen
Zubereitungszeit: 35 Minuten

1 EL Kürbiskerne
300 g Brokkoli
200 g grüner Spargel
100 g Zuckerschoten
3 Frühlingszwiebeln
50 g junger Spinat
½ Bio-Zitrone
2 Hähnchenbrustfilets (à ca. 120 g)
Salz, Pfeffer aus der Mühle
2 EL raffiniertes Olivenöl
2 TL Butter
100 ml glutenfreie Gemüsebrühe
1 TL flüssiger Honig
2 EL Crème fraîche

Nährwerte pro Portion: ca. 460 kcal, 38 g EW, 26 g F, 16 g KH, 7 g BST

+ Die Kerne in einer Pfanne ohne Fett hell rösten, herausnehmen und abkühlen lassen. Brokkoli putzen, waschen und in Röschen teilen, Strunk schälen und klein würfeln. Spargel waschen, im unteren Drittel schälen und die Enden abschneiden. Die Stangen schräg in Scheiben schneiden und die Spitzen längs halbieren. Zuckerschoten putzen, waschen und eventuell halbieren. Frühlingszwiebeln putzen, waschen und quer in etwa 4 cm lange Stücke schneiden. Den Spinat verlesen, waschen und trocken schütteln.

+ Zitrone heiß waschen, die Schale fein abreiben und 1 EL Saft auspressen. Fleisch waschen, trocken tupfen, mit Zitronenschale, Salz und Pfeffer würzen. In einer Grillpfanne in 1 EL Öl bei mittlerer Hitze etwa 15 Minuten rundum braten.

+ Inzwischen übriges Öl und Butter in einer Pfanne erhitzen, Brokkoli darin unter Wenden etwa 5 Minuten braten. Spargel, Zuckerschoten und Frühlingszwiebeln etwa 3 Minuten mitbraten. Brühe und Honig dazugeben, alles mit geschlossenem Deckel bei mittlerer Hitze etwa 5 Minuten bissfest dünsten. Mit Salz, Pfeffer und Zitronensaft würzen, den Spinat unterheben. Gemüse mit Hähnchen und je 1 EL Crème fraîche servieren, mit den Kürbiskernen bestreuen.

Die Ernährungs-Docs
Essen Sie grün! Alle grünen Gemüse wie Spinat, Brokkoli, Spargel und Kräuter sind eine gute Quelle für das antioxidativ wirkende Chlorophyll. Damit gehören sie zu den Superfoods – vorausgesetzt, das Grünzeug wird nur knackig gedünstet oder roh verzehrt. Denn der grüne Pflanzenfarbstoff, der vom Körper nicht selbst gebildet werden kann, ist hitzeempfindlich.

BROKKOLI MIT LACHSFILET

Der Fisch gart hier sanft auf einem Bett von „Blütengemüse". Ingwer, Chili und Zitronengras sind ideale Begleiter und regen dabei den Stoffwechsel an.

Für 2 Personen
Zubereitungszeit: 30 Minuten

1 Stängel Zitronengras
10 g Ingwer
1 rote Chilischote
6 Stiele Koriandergrün
2 EL Limettensaft
1 EL süße Chilisauce
2 EL Fischsauce
1 EL dunkles Sesamöl
400 g Brokkoli
2 Lachsfilets (à ca. 160 g)
1 EL helle Sesamsamen
1 Frühlingszwiebel

Nährwerte pro Portion: ca. 430 kcal, 40 g EW, 24 g F, 10 g KH, 6 g BST

+ Das Zitronengras putzen und die untere Hälfte fein würfeln. Ingwer schälen und reiben. Chili längs halbieren, putzen, waschen und fein würfeln. Koriandergrün waschen, trocken tupfen und die Blätter abzupfen, die Hälfte beiseitelegen, den Rest fein hacken. Den Limettensaft mit Zitronengras, Ingwer, Chili, gehacktem Koriander, Chilisauce, Fischsauce und Öl mischen. Den Brokkoli putzen, waschen und in Röschen teilen. Den Strunk schälen und in dünne Scheiben schneiden. Den Lachs waschen und trocken tupfen.

+ Brokkolischeiben in einem Dämpfeinsatz auslegen, Fisch daraufsetzen, Brokkoliröschen daneben verteilen. Dämpfeinsatz in einen passenden, fest verschließbaren Topf geben, der 2 bis 3 cm hoch mit Wasser gefüllt ist. Marinade über Brokkoli und Lachs verteilen. Mit geschlossenem Deckel aufkochen, bei mittlerer Hitze 8 bis 10 Minuten dämpfen.

+ Inzwischen den Sesam in einer Pfanne ohne Fett hellbraun rösten, herausnehmen und abkühlen lassen. Die Frühlingszwiebel putzen, waschen und in dünne Ringe schneiden. Mit den beiseitegelegten Korianderblättern mischen. Zum Servieren Lachs und Brokkoli auf Teller verteilen und mit Koriander-Mix und Sesam bestreuen.

Die Ernährungs-Docs

Lachs ist reich an Omega-3-Fettsäuren, die von hohem gesundheitlichem Wert sind, wie Studien zeigen konnten. Sie sollen ungünstige Blutfettwerte senken, günstige anheben und gegen hohen Blutdruck wirken. Weiterhin scheinen sie die Fließeigenschaften des Bluts zu verbessern und das Risiko für Herzinfarkt und Schlaganfall zu mindern.

DER MARITIME KLASSIKER

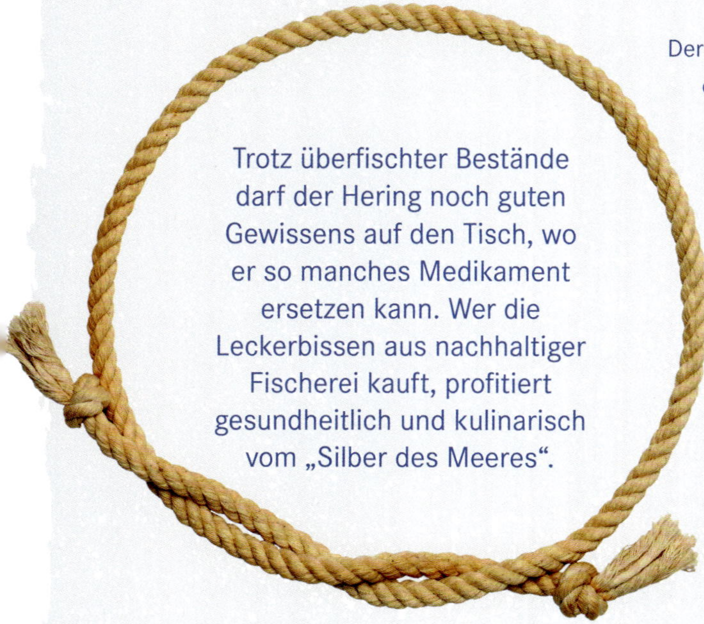

Trotz überfischter Bestände darf der Hering noch guten Gewissens auf den Tisch, wo er so manches Medikament ersetzen kann. Wer die Leckerbissen aus nachhaltiger Fischerei kauft, profitiert gesundheitlich und kulinarisch vom „Silber des Meeres“.

Der Hering ist nicht unbedingt ein Schlank-, dafür aber ein Gesundmacher. 18 g Fett pro 100 g haben es in sich. Mehr als 10 Prozent sind essenzielle Omega-3-Fettsäuren, die unser Körper nicht selbst herstellen kann. Sie sollen den Blutfluss beschleunigen, die Gefäße elastisch halten sowie zu hohes Cholesterin und das Risiko für Herz-Kreislauf-Erkrankungen senken. Außerdem helfen sie bei entzündlichen Krankheiten. Darüber hinaus enthalten Heringe reichlich Vitamin D. Es unterstützt die Einlagerung von Kalzium in die Knochen, was vor allem für ältere Menschen wichtig ist. Die Schilddrüse profitiert von Jod und Selen im Hering.

GUT FÜR KNOCHEN, SCHILDDRÜSE UND GEFÄSSE

Als Seefische liefern Heringe reichlich Omega-3-Fettsäuren, die sie selbst für ihre Zellmembranen benötigen. Diese wertvollen Fettsäuren finden sich nicht in Flussfischen, die in warmen Gewässern leben. Denn es hängt von der Umgebung ab, ob ein Fisch sie bildet oder nicht. Im kalten arktischen Meer sind Heringe auf Fette angewiesen, die auch bei niedrigen Temperaturen weich bleiben. Ohne flexible Zellmembranen könnten sie dort nicht überleben. Die Fische nehmen die Fettsäuren sowohl über die Nahrung (z. B. über spezielle Mikroalgen und Phytoplankton) als auch über Kleinstkrebse wie Krill (Zooplankton) auf und bauen sie in Zellmembranen und Fettgewebe ein – eine wichtige Quelle auch für uns.

WUSSTEN SIE, DASS ...

... ein Hering 25 Jahre alt werden kann?

... der Bismarckhering nach Otto von Bismarck benannt wurde? Der Eiserne Kanzler sollte mit einer Heringsdiät abspecken. Fischkonservenhersteller sponserten das mit sauer eingelegten Fischen und durften diese danach Bismarckheringe nennen.

... 180 Arten zur Familie der Heringe gehören?

... der Schwarmfisch lange Zeit zu den wichtigsten Handelsgütern in Europa gehörte?

... Matjes wegen seines mildsahnigen Geschmacks und marzipanfarbenen Fleischs auch „Marzipan des Meeres“ genannt wird?

NACHHALTIGE FISCHEREI

Zu den beliebtesten und wegen ihrer hochwertigen Fettsäuren gesündesten Speisefischen zählen neben dem Hering auch die fetten Kaltwasserfische Sardine, Lachs und Makrele. In Sachen Nachhaltigkeit herrscht große Unsicherheit. Die weltweiten Bestände sind häufig überfischt. „Respektieren Sie die Grenzen des Ozeans, indem Sie nur einmal in der Woche Fisch essen", rät der WWF (World Wildlife Fund). Die Umweltstiftung empfiehlt Bio-Fisch oder MSC-zertifizierte Produkte. Das MSC-Siegel steht für nachhaltige Fischerei. Es sei das beste verfügbare Wildfischsiegel am Markt, sagen die Umweltschützer.

ALS SALZHERING ODER ROLLMOPS BELIEBT

Obwohl er am besten frisch auf den Tisch kommt, kennen wir den Superfisch vor allem verarbeitet – als Salzhering, Rollmops und in fertigen Saucen oder Marinaden. Beim Konservieren verschlechtert sich zwar die Zusammensetzung der Mineralstoffe ein wenig, doch die gesunden Nährstoffe bleiben erhalten. Die Verarbeitung ist auch ein Schutz, denn roh darf man keinen Hering essen. Wer ihn frisch kauft, sollte ihn sofort zubereiten und max. 1 Tag im Kühlschrank aufbewahren. Etwas länger hält er sich vakuumverpackt. Dabei müssen Sie immer auf das Mindesthaltbarkeitsdatum achten.

GESUNDHEITSTIPPS

- **Auch wenig bringt viel: Bereits 1 Portion Hering (ca. 150 g) in der Woche mindert das Herzinfarktrisiko um etwa 50 Prozent.**
- **Fröhlich gefeiert und über den Durst getrunken? Gegen den Kater danach hilft ein Rollmops zum Frühstück. Er gleicht den alkoholbedingten Mineralstoffverlust aus.**
- **Schmerzen rheumatische Gelenkentzündungen im Herbst mehr, bekämpfen Omega-3-Fettsäuren aus Hering & Co. schädliche Enzyme.**

FRISCHER HERING

Nährwerte pro 100 g
Kalorien: 231 kcal
Eiweiß: 18 g
Kohlenhydrate: 0 g
Fett: 18 g
Ballaststoffe: 0 g

HERINGSSALAT MIT ROTER BETE

Toller Sattmacher für Fisherman's Friends: Bismarckhering zeigt sich hier mit Roten Beten, knackigen Apfelstücken und Staudensellerie von seiner besten Seite.

Für 2 Personen
Zubereitungszeit: 15 Minuten

200 g Bismarckhering
100 g Rote Bete (vorgegart und vakuumiert)
1 kleine Zwiebel
1 kleiner säuerlicher Apfel (z. B. Boskop)
1 Stange Staudensellerie
½ Bund Dill
50 g Schmand
100 g Joghurt (1,5 % Fett)
½ TL mittelscharfer Senf
1 EL Rotweinessig
Salz, Pfeffer aus der Mühle

Nährwerte pro Portion: ca. 400 kcal, 21 g EW, 25 g F, 21 g KH, 4 g BST

+ Den Hering trocken tupfen und in etwa 1 cm große Würfel schneiden. Die Rote Bete ebenfalls klein würfeln (dabei am besten Einweghandschuhe tragen, da die Knollen stark abfärben). Die Zwiebel schälen und fein würfeln.

+ Den Apfel waschen, vierteln und entkernen. Die Viertel in kleine Würfel schneiden. Den Sellerie putzen, waschen und in feine Würfel schneiden. Den Dill waschen, trocken tupfen, die Spitzen abzupfen und einige zum Garnieren beiseitelegen, den Rest fein hacken.

+ Für das Dressing den Schmand mit Joghurt, Senf und Essig verrühren, mit wenig Salz und Pfeffer abschmecken. Hering, Rote Bete, Zwiebel, Apfel und Dill untermischen.

+ Zum Servieren den Salat nochmals vorsichtig mit Salz abschmecken, auf Teller oder Schalen verteilen und mit den beiseitegelegten Dillspitzen garnieren. Dazu schmeckt Vollkornroggenbrot oder Pumpernickel.

Die Ernährungs-Docs
Dill verfeinert den Salat nicht nur geschmacklich, sondern toppt ihn auch mit seinem gesundheitlichen Mehrwert. Das Küchenkraut wirkt antioxidativ und hilft, freie Radikale abzufangen. Das liegt an Glaziovianin A, einem Stoff, der die Zellteilung hemmt und somit das Wachstum von Tumorzellen verlangsamen kann, wie russische Wissenschaftler in einer aktuellen Studie herausgefunden haben. Wer seinem Körper Gutes tun möchte, sollte Dill öfter zusammen mit Petersilie essen – denn auch dieses Universalkraut enthält die zellschützende Substanz.

BÜCKLING-BOWL MIT KARTOFFELN

Ein echter Wohlfühl-Hit, der sich auch gut mitnehmen lässt: Kartoffeln und knackiges Gemüse steuern Vitamine bei, geräucherter Hering gibt Power mit reichlich Eiweiß.

Für 2 Personen
Zubereitungszeit: 30 Minuten

300 g kleine festkochende Kartoffeln (z. B. Drillinge)
Salz
2 Eier
1 Bückling (Räucherhering; ca. 250 g)
½ Bund Radieschen
1 Mini-Salatgurke
¼ Bund Schnittlauch
100 g saure Sahne (10 % Fett)
Pfeffer aus der Mühle
1 ½ EL Weißweinessig
1 ½ EL kalt gepresstes Olivenöl

Nährwerte pro Portion: ca. 540 kcal, 28 g EW, 34 g F, 28 g KH, 3 g BST

+ Die Kartoffeln gründlich waschen und quer halbieren. In einem Topf mit Wasser bedeckt aufkochen, salzen und mit geschlossenem Deckel etwa 15 Minuten garen. Die Eier 7 bis 8 Minuten weich kochen, dann kalt abschrecken.

+ Inzwischen den Bückling häuten, das Fleisch von den Gräten lösen und in grobe Stücke teilen. Die Radieschen putzen, waschen und vierteln. Die Gurke putzen, waschen, längs halbieren und in dünne Scheiben schneiden. Den Schnittlauch waschen, trocken tupfen und in feine Röllchen schneiden. 2 EL zum Garnieren beiseitelegen, den Rest mit der sauren Sahne mischen und mit Salz und Pfeffer würzen.

+ Die Kartoffeln abgießen, kurz ausdampfen lassen und auf Bowls (Schüsseln) verteilen. Den Essig mit Salz, Pfeffer und Öl verrühren, über die Kartoffeln träufeln. Bückling, Radieschen und Gurke darüber verteilen und je 1 Klecks Schnittlauchrahm daraufsetzen. Die Eier pellen, halbieren und auf die Bowls setzen. Mit Schnittlauch bestreuen.

Die Ernährungs-Docs
Bücklinge sind eine gute Alternative zu frischem Hering, denn beim Räuchern bleibt die gesamte Nährstoffpalette erhalten: Die Vitamine A, B_{12} und D gehen kaum verloren, der Anteil von Eiweiß, Fett und Mineralstoffen ist durch den Wasserverlust beim Räuchern prozentual sogar höher als beim frischen Fisch. Außerdem liefert Bückling mehr Omega-3-Fettsäuren.

KRÄUTERMATJES MIT BOHNEN-BRATKARTOFFELN

Entspannter Genuss: Milder Matjes, frische Kräuter und grüne Bohnen stärken mit viel Magnesium die Nerven und wirken gegen Stress.

Für 2 Personen
Zubereitungszeit: 30 Minuten

400 g kleine festkochende Kartoffeln (z. B. Drillinge)
Salz
250 g grüne Bohnen
50 g gemischte Kräuter (z. B. Dill, Kerbel, Petersilie, Schnittlauch)
4 Matjesfilets (ca. 250 g)
1 rote Zwiebel
2 EL raffiniertes Olivenöl
Pfeffer aus der Mühle
2 TL Butter
2 EL Crème fraîche

Nährwerte pro Portion: ca. 740 kcal, 29 g EW, 50 g F, 42 g KH, 6 g BST

\+ Die Kartoffeln gründlich waschen und samt Schale in kochendem Salzwasser etwa 20 Minuten weich garen. Danach abgießen und ausdampfen lassen.

\+ Inzwischen die Bohnen putzen, waschen, halbieren oder dritteln und in reichlich kochendem Salzwasser 6 bis 7 Minuten bissfest garen. In ein Sieb abgießen, kalt abschrecken und abtropfen lassen. Die Kräuter waschen, trocken tupfen, die Blätter abzupfen und fein hacken. Die Matjesfilets auf jeder Seite darin wenden und zugedeckt kühl stellen.

\+ Die Zwiebel schälen und fein würfeln. Die Kartoffeln pellen und in dünne Scheiben schneiden. Das Öl in einer Pfanne erhitzen, die Zwiebel und die Kartoffeln darin bei mittlerer bis starker Hitze 6 bis 8 Minuten braten, dabei mehrmals wenden. Mit Salz und Pfeffer würzen. Danach Butter und Bohnen untermischen, nochmals abschmecken.

\+ Zum Servieren die Kräutermatjes mit den Bohnen-Bratkartoffeln und je 1 EL Crème fraîche anrichten.

Die Ernährungs-Docs
Matjes – in Salzlake eingelegter junger Hering – enthält reichlich Vitamin D, das die Knochen stärkt und vor Osteoporose schützt. Allerdings können über die Nahrung nur 10 bis 15 Prozent des Vitamin-D-Bedarfs gedeckt werden. Der Körper bildet das Hormon durch die Einwirkung von Sonnenlicht auf die Haut, es kann einige Monate im Fettgewebe und in den Muskeln gespeichert werden. Im Winter helfen Hering, Lachs und Co., ein Vitamin-D-Defizit auszugleichen.

GEGRILLTER KRÄUTERHERING MIT TOMATEN-SALSA

Die Mittelmeerküche lässt grüßen: Gegrillter Hering mit scharfer Tomaten-Salsa schmeckt nach Urlaub und Sonne – und liefert reichlich gesunde Fettsäuren.

Für 2 Personen
Zubereitungszeit: 30 Minuten
Marinieren: 1 Stunde

4 Stiele Dill
4 Stiele Petersilie
2 Stiele Estragon
1 Knoblauchzehe
½ Bio-Zitrone
2 EL raffiniertes Olivenöl
Salz, Pfeffer aus der Mühle
4 Heringe (à ca. 250 g, küchenfertig)
300 g Tomaten
40 g Mandeln
2 dünne Frühlingszwiebeln
1 EL scharfes Ajvar (Paprikapaste)

Nährwerte pro Portion: ca. 590 kcal, 39 g EW, 42 g F, 10 g KH, 7 g BST

+ Dill, Petersilie und Estragon waschen, trocken tupfen, die Spitzen bzw. Blätter abzupfen und fein hacken. Knoblauch schälen und fein würfeln. Zitrone heiß waschen, abtrocknen, 2 dünne Scheiben abschneiden und 2 EL Zitronensaft auspressen. Kräuter und Knoblauch mit dem Öl mischen, mit Salz, Pfeffer und 1 EL Zitronensaft würzen. Die Heringe waschen, trocken tupfen und innen und außen mit der Marinade einstreichen. Zugedeckt etwa 1 Stunde marinieren.

+ Inzwischen Tomaten waschen und klein würfeln, dabei Stielansätze entfernen. Mandeln grob hacken. Frühlingszwiebeln putzen, waschen, das Weiße und Hellgrüne klein würfeln. Tomaten, Mandeln und Frühlingszwiebeln mit Ajvar mischen. Mit Salz, Pfeffer und übrigem Zitronensaft würzen.

+ Backofengrill einschalten. Zitronenscheiben halbieren und in die Bauchhöhle der Heringe stecken. Fische auf dem Rost unter dem Backofengrill auf der obersten Schiene etwa 10 Minuten grillen, dabei wenden. (Alternativ Heringe in Grillkörbe klemmen und auf dem Outdoor-Grill garen.) Mit der Salsa servieren. Dazu passen geröstete Pellkartoffeln.

Die Ernährungs-Docs
Keine Frage: Auch Tomaten zählen zu den absoluten Superlebensmitteln. Sie enthalten reichlich Lycopin, ein Carotinoid, das gut für Herz, Haut und Augen ist. Durch seine antioxidative Wirkung verringert der sekundäre Pflanzenstoff das Krebsrisiko. Werden die Tomaten verarbeitet und mit etwas Öl aufgenommen, kann der Körper Lycopin besonders gut verwerten.

GEBRATENER HERING AUF GEMÜSE-„SPAGHETTI"

Knuspriger Bratfisch auf bunten Gemüsenudeln – damit können Sie sich leicht eine gute Portion Vitamine, Mineralstoffe und Spurenelemente „angeln".

Für 2 Personen
Zubereitungszeit: 45 Minuten

4 Heringsfilets (à ca. 125 g)
2 EL Zitronensaft
Salz, Pfeffer aus der Mühle
300 g Süßkartoffeln
150 g Möhren
200 g Zucchini
100 g Kirschtomaten
4 Stiele Petersilie
2 EL raffiniertes Olivenöl
50 ml Gemüsebrühe
1 TL getrockneter Oregano
1 EL Dinkelmehl (Type 1050)
2 Bio-Zitronenspalten

Nährwerte pro Portion: ca. 630 kcal, 29 g EW, 34 g F, 48 g KH, 9 g BST

+ Die Heringsfilets waschen und trocken tupfen, mit dem Zitronensaft beträufeln und mit Salz und Pfeffer würzen.

+ Süßkartoffeln und Möhren putzen und schälen, Zucchini putzen und waschen. Alle drei Gemüse mithilfe eines Spiralschneiders getrennt in dünne Streifen schneiden. Tomaten waschen und halbieren. Petersilie waschen, trocken tupfen, Blätter abzupfen und fein hacken. Süßkartoffeln in einer Pfanne in 1 EL Öl bei mittlerer bis starker Hitze unter Wenden etwa 5 Minuten braten. Möhren und Zucchini hinzufügen, 2 bis 3 Minuten mitbraten. Brühe dazugeben, kräftig mit Salz, Pfeffer und Oregano würzen. Alles mit geschlossenem Deckel bei milder Hitze etwa 5 Minuten ziehen lassen.

+ Gleichzeitig in einer zweiten Pfanne das übrige Öl erhitzen. Die Heringsfilets im Mehl wenden und in der Pfanne bei starker Hitze 2 bis 3 Minuten anbraten. Die Hitze reduzieren, die Filets wenden und noch 2 bis 3 Minuten garen. Inzwischen die Tomaten zum Gemüse geben und vorsichtig untermischen, mit der Petersilie bestreuen. Die Fischfilets mit den Gemüsenudeln und Zitronenspalten servieren.

Die Ernährungs-Docs
Seefische wie der Hering versorgen uns mit reichlich Jod. Aus diesem Spurenelement stellt die Schilddrüse die Hormone T3 und T4 her, die lebenswichtige Stoffwechselprozesse regeln – wie das Wachstum und die Körpertemperatur. Fehlt Jod, vergrößert sich die Schilddrüse, um genügend Hormone produzieren zu können: Es entsteht ein Kropf.

GOLDENE EXOTEN

Ingwer und Kurkuma sind uralte Heilmittel, die wieder neu entdeckt wurden. Die beiden Heilgewürze bringen einen Hauch Exotik in die heimische Küche und dienen gleichzeitig als Gelenkefutter und wirksame Gesundheitsprophylaxe.

DIE ZAUBERKNOLLE

Süß und scharf zugleich: Das Gewürz **Kurkuma** (Gelbwurzel) enthält den ockergelben Farbstoff Curcumin, ein Polyphenol, das Magen-Darm-Beschwerden mildert und möglicherweise auch entzündungshemmend und schmerzlindernd bei Gelenkerkrankungen wirkt. Eigentlich gehört Kurkuma nicht nur in die Speisekammer, sondern auch in die Hausapotheke. Er fördert Gallenfluss und Fettverdauung und hilft der Leber, unseren Körper zu entgiften. Das „Gewürz des Lebens", das auch in Currypulver steckt, dient in der ayurvedischen Medizin schon lange als Heilmittel. Am besten sollte man Kurkuma mit Öl oder Fett aufnehmen.

GESUNDHEITSTIPPS

- Für schöne Zähne 2 TL Kurkumapulver mit 2 Gewürznelken in 200 ml Wasser aufkochen. Abkühlen lassen und als Zahnspülung nutzen.
- Bei einer aufkommenden Erkältung mischen Sie etwas Honig mit Kurkumapulver und löffeln es.

Kurkuma-Gewürzpaste

Für 1 Glas (ca. 150 ml): 50 g frische Kurkumawurzel und 30 g Ingwer schälen und fein reiben. Beides mit 1 TL Pfeffer aus der Mühle und 125 ml Wasser in einem kleinen Topf aufkochen, dann bei mittlerer Hitze unter Rühren 5 bis 8 Minuten köcheln lassen. Vom Herd nehmen, 1 EL natives Kokosöl hinzufügen und alles im Topf mit dem Stabmixer fein pürieren. In ein Glas füllen, verschließen und abkühlen lassen. Hält sich im Kühlschrank 2 Wochen. Die Paste zum Würzen von Suppen, Currys und Getränken verwenden.

Goldene Milch

Beide Superfoods zum Trinken: Probieren Sie doch mal die gesunde Alternative zur Latte macchiato. Die Kurkuma-Ingwer-Latte besteht aus 1 EL Kurkumapulver, 120 ml Wasser, 15 g frisch geriebenem Ingwer, 1 Prise Zimtpulver und 350 ml Kuhmilch, ungesüßtem Kokos- oder Mandeldrink.

KÜCHENTIPP

Kurkuma darf nicht scharf angebraten oder verkocht werden, denn dann schmeckt er bitter. Am besten einfach als Pulver ins fertige Essen mischen.

DIE WUNDERWURZEL

Ob bei Rheuma, Arthrose, Muskelschmerzen oder Reiseübelkeit – **Ingwer** kommt bei vielen Beschwerden zum Einsatz, da er schmerzlindernd wirkt. Die Wurzel enthält Scharfstoffe, die das Immunsystem stimulieren und Erkältungen abwehren. Daneben liefert sie Vitamin C, Kalium, Kalzium, Magnesium und Eisen. Ihr besonderer Wert sind ätherische Öle und der Scharfstoff Gingerol, der cholesterinsenkend und entzündungshemmend wirkt. Gingerol regt die Wärmerezeptoren in der Magenschleimhaut an und fördert damit die Darmtätigkeit und die Verdauung.

Eingelegter Ingwer

150 g Ingwer schälen, fein hobeln, mit 1 ½ TL Salz und 3 EL Rote-Bete-Saft 1 Stunde marinieren. In ein Sieb abgießen und abtropfen lassen. 100 ml Reisessig und 40 g Rohrohrzucker unter Rühren erhitzen, den Ingwer darin bei mittlerer Hitze 1 bis 2 Minuten kochen. Hält sich gut verschlossen im Kühlschrank 2 bis 3 Wochen. Passt zu Fleisch, Fisch, Sushi.

GESUNDHEITSTIPPS

- Wer auf Reisen unter Übelkeit leidet, kann Ingwer als Tablette oder Tropfen 30 Minuten vor Reiseantritt einnehmen oder unterwegs einfach ein frisch geschältes Stück Ingwerknolle kauen.
- Gegen Gelenkschmerzen hilft ein Tee: Dafür Ingwer schälen, hacken, mit heißem, aber nicht kochendem Wasser übergießen. Zugedeckt etwa 5 Minuten ziehen lassen. Wichtig: Zerkleinern Sie die Knolle erst kurz vor dem Verarbeiten, damit sich die ätherischen Öle nicht verflüchtigen.
- Bei Erkältung hilft der Tee auch: Die Scharfstoffe befreien die Atemwege und lindern Hustenreiz.
- Ingwer sorgt für frischen Atem. Denn der enthaltene Scharfstoff Gingerol sorgt dafür, dass ein Speichelenzym aktiviert wird, das übel riechende Substanzen abbaut.

HEILWIRKUNG SCHON IM ALTERTUM BEKANNT

Ingwer stammt aus Asien und spielt seit dem Altertum in der indischen und chinesischen Medizin eine wichtige Rolle. Er wird bis heute überwiegend in Indien, China, Japan und in Westafrika angebaut. Frische Wurzeln sind fest und glatt. Man kann hineinbeißen wie in einen Apfel, um von den wertvollen Nährstoffen optimal zu profitieren. In diesem Fall sollten Sie aber Bio-Ingwer kaufen und nicht mehr als 5 Gramm täglich essen. Denn nicht jeder verträgt die geballte Gesundheit aus rohem Ingwer. Wer zu viel isst, reagiert möglicherweise mit Durchfall, Blähungen oder Sodbrennen.

LEUCHTENDE HERBST-HIGHLIGHTS

Ob klein oder groß, birnenförmig oder kugelrund – Kürbisse sind kulinarische Knaller und echtes Powergemüse. Sie haben bescheidene Ansprüche, zeigen aber große Wirkung im Kampf gegen Zivilisationskrankheiten.

An Halloween sollen uns ihre geschnitzten Fratzen erschrecken – als Superfood in der Küche muss man Kürbisse aber einfach nur lieben: Sie sind nicht nur kulinarisch, sondern auch gesundheitlich echte Prachtkerle. Ihr Fruchtfleisch enthält reichlich sekundäre Pflanzenstoffe, Vitamine, Ballaststoffe und dabei viel Wasser, sodass Kürbisse als magenschonende Schlankmacher gelten. Nährstoffe wie Betacarotin, Vitamin A, Kalzium, Magnesium und Kalium machen sie so wertvoll. Vor allem Betacarotin ist als Antioxidanz ein wichtiger Schutzstoff für die Zellen. Kürbiskerne sind das klassische Mittel zur Bekämpfung von Prostatabeschwerden und Reizblase. Die enthaltenen Phytosterine hemmen Schwellungen und Entzündungen.

KÜRBISSE UND CO. IMMER MIT FETT VERARBEITEN

Ähnlich wie Möhren enthalten auch Kürbisse reichlich Carotinoide. Das sind fettlösliche Mikronährstoffe, die gekocht oder gebraten besser verfügbar sind als im rohen und unverarbeiteten Zustand. Kürbisse und Co. sollten also vor dem Verzehr entweder stark zerkleinert oder kurz erhitzt werden, damit sich die Carotinoide herauslösen. Im Darm werden die fettlöslichen Inhaltsstoffe am besten aufgenommen, wenn das Gemüse mit etwas Fett zubereitet wird. Tiefkühlgemüse, das blanchiert und schockgefrostet wurde, profitiert ebenfalls davon.

WUSSTEN SIE, DASS …

… Zierkürbisse giftig sind? So lecker sie auch aussehen, verwenden Sie sie nur als Deko! Denn in ihnen stecken schädliche Bitterstoffe (sogenannte Cucurbitacine), die aus essbaren Kürbissen herausgezüchtet wurden.

… Sie durch Klopfen den Reifegrad erkennen können? Klingt der Kürbis hohl, ist er reif. Ein holziger Stiel weist ebenfalls auf die nötige Reife hin.

… der größte Kürbis der Welt 1190,5 Kilogramm wog und von einem Belgier gezüchtet wurde?

GESUNDHEITSTIPPS

- Kürbisse enthalten reichlich Silizium in Form von Kieselsäure, die das Bindegewebe stärkt und Haut und Nägel schöner macht.
- Eine Kürbiskernkur (dreimal täglich 5 bis 10 unverarbeitete Kerne knabbern) hilft gegen leichte Entzündungen im Harnbereich. Die Wirksamkeit von Kürbiskernextrakten ist dagegen noch nicht wissenschaftlich erwiesen.

KOSTBARES ÖL UND KNACKIGE KERNE

Kürbiskernöl

Mit seinem intensiven nussigen Aroma punktet Kürbiskernöl nicht nur kulinarisch. Das dunkelgrüne Öl ist auch leckere Medizin gegen Herz-Kreislauf-Erkrankungen und gilt als Wundermittel, wenn es um Harnwegs-, Prostata- oder Blasenbeschwerden geht. Die Qualität erkennen Sie daran, dass es dickflüssig ist. Kürbiskernöl sollte nicht erhitzt werden; es eignet sich kalt hervorragend für Salat und Gemüse. Feinschmecker verwenden es auch zu süßen Speisen wie Vanilleeis.

Grüne Kerne

Ob als Snack zwischendurch oder zum Salat-Aufpeppen: Grüne Kürbiskerne bieten eine kerngesunde Eiweißquelle (siehe Seite 70).

ZERLEGEN: OHNE SCHARFES MESSER GEHT'S NICHT

Nicht umsonst werden Kürbisse wegen ihrer harten Schale auch „Panzerbeeren“ genannt. Wie kriegt man sie klein? Ist der Kürbis zu groß oder das Messer zu stumpf, zerlegen Sie den gewaschenen Kürbis mit einem Elektromesser, entfernen Kerne und Fasern und schälen ihn mit einem scharfen Messer. **Tipp:** Sie können einen Kürbis auch im Ganzen garen, wenn Sie ihn vorher einstechen. Oder Sie legen ihn in den Ofen (ca. 1 Stunde bei 200 °C). Weich gegart lässt er sich leichter zerkleinern.

KERNIGER KÜRBISAUFSTRICH

Hier wird dick aufgetragen mit allem, was der Kürbis zu bieten hat: Fruchtfleisch, Kerne und Öl. Der Aufstrich nach steirischer Art passt perfekt zur Brotzeit.

Für 1 Glas (ca. 300 ml; 4 Portionen)
Zubereitungszeit: 40 Minuten
Kühlen: 30 Minuten

250 g Hokkaidokürbis
1 Zwiebel
1 EL raffiniertes Olivenöl
4 EL glutenfreie Gemüsebrühe
2 EL Kürbiskerne
1 EL Crème fraîche
2 dünne Frühlingszwiebeln
Salz, Pfeffer aus der Mühle
1–2 TL Kürbiskernöl

Nährwerte pro Portion: ca. 110 kcal, 3 g EW, 8 g F, 5 g KH, 2 g BST

+ Den Kürbis waschen, Kerne und Fasern entfernen. Den Kürbis in etwa 1 cm große Stücke schneiden. Zwiebel schälen und fein würfeln, in einem Topf im Olivenöl bei mittlerer Hitze andünsten. Kürbis dazugeben und 1 bis 2 Minuten dünsten, Brühe dazugießen. Den Kürbis aufkochen, mit geschlossenem Deckel bei milder Hitze 15 Minuten garen.

+ Inzwischen die Kerne in einer Pfanne ohne Fett rösten, bis sie sich aufblähen, herausnehmen und abkühlen lassen. 2 TL zum Garnieren beiseitelegen, den Rest fein hacken.

+ Den Kürbis vom Herd nehmen, Crème fraîche hinzufügen und alles im Topf mit dem Stabmixer pürieren. Die Frühlingszwiebeln putzen und waschen, dunkelgrüne Teile schräg in dünne Ringe schneiden und beiseitelegen. Den Rest fein würfeln und mit den Kernen unter das Püree mischen. Mit Salz, Pfeffer und Kürbiskernöl würzen und im Kühlschrank etwa 30 Minuten durchziehen lassen. Zum Servieren mit den beiseitegelegten Kürbiskernen und den dunklen Zwiebelringen bestreuen. Schmeckt besonders gut mit Vollkornbrot oder -baguette, passt aber auch super zu Pellkartoffeln.

Die Ernährungs-Docs
Kürbiskerne haben es in sich. Wer sie regelmäßig knabbert, fördert die Verdauung und füllt seine Eiweiß- und Mineralstoffspeicher auf. Sie enthalten pflanzliche Hormone aus der Gruppe der Steroide sowie Vitamin E, Selen und reichlich fettes Öl. Bei Blasenbeschwerden, Prostataleiden und zur Stärkung des Immunsystems sind sie ein „kerngesundes" bewährtes Heilmittel. Auch im feinen Kürbiskernöl steckt Gesundheitspower: jede Menge sekundäre Pflanzenstoffe, essenzielle Linolsäure und reichlich Vitamin E.

KÜRBISSUPPE MIT SESAM-CHILI-GREMOLATA

Schmeckt nicht nur im Winter: Ingwer, Curry und Chili wärmen den Magen. Hokkaido bringt mit viel Betacarotin Augen, Haut und Haare von innen zum Strahlen.

Für 2 Personen
Zubereitungszeit: 30 Minuten

1 Zwiebel
10 g Ingwer
400 g Hokkaidokürbis
1 EL raffiniertes Olivenöl
½ TL scharfes Currypulver
500 ml glutenfreie Gemüsebrühe
Salz, Pfeffer aus der Mühle
1 säuerlicher Apfel (z. B. Boskop)
1 EL helle Sesamsamen
½ Bio-Zitrone
½ Bund Petersilie
½ TL Chiliflocken (Pul biber)
75 g Kochsahne (15 % Fett)

Nährwerte pro Portion: ca. 290 kcal, 5 g EW, 19 g F, 22 g KH, 7 g BST

+ Zwiebel und Ingwer schälen und getrennt fein würfeln. Kürbis waschen, Kerne und Fasern entfernen. Den Kürbis in 2 bis 3 cm große Stücke schneiden. Zwiebel im Öl andünsten. Ingwer und Curry dazugeben, kurz andünsten. Kürbis und Brühe hinzufügen, salzen und pfeffern. Alles mit geschlossenem Deckel aufkochen und bei mittlerer Hitze 20 Minuten köcheln lassen. Inzwischen den Apfel vierteln, schälen, entkernen, nach 10 Minuten Garzeit dazugeben.

+ Den Sesam in einer Pfanne ohne Fett hell rösten, herausnehmen und abkühlen lassen. Zitrone heiß waschen, abtrocknen, die Schale erst mit einem Zestenreißer in langen, dünnen Streifen abziehen, dann fein hacken. Die Zitronenhälfte auspressen. Die Petersilie waschen, trocken tupfen, Blätter abzupfen und fein hacken. Sesam, Zitronenschale, Petersilie und Chiliflocken mischen.

+ Die Sahne zur Suppe geben. Alles kurz aufkochen, dann im Topf fein pürieren. Die Suppe mit Salz, Pfeffer und Zitronensaft abschmecken, mit der Gremolata bestreut servieren.

Die Ernährungs-Docs
Schon das kräftige Orange deutet darauf hin: Hokkaido ist reich an zellschützendem Betacarotin. Der natürliche Farbstoff steckt vor allem in der essbaren Schale. Sorge, dass beim Kochen viele seiner Provitamine verloren gehen könnten, muss man nicht haben. Im Gegenteil: In Laborstudien konnte nachgewiesen werden, dass gerade Betacarotin vom Erhitzen profitiert und so leichter vom Verdauungstrakt verwertet werden kann.

KÜRBIS-RATATOUILLE MIT ZIEGENKÄSE

Gemüse satt, bunt und gesund: Der kräuterwürzige französische Klassiker wird hier um Butternusskürbis ergänzt und mit Ziegenkäse eiweißreich getoppt.

Für 2 Personen
Zubereitungszeit: 35 Minuten

1 Zwiebel
1 Knoblauchzehe
400 g Butternusskürbis
1 Aubergine (ca. 250 g)
je 1 kleine rote und gelbe Paprikaschote
250 g Tomaten
2 EL raffiniertes Olivenöl
Salz, Pfeffer aus der Mühle
6 Zweige Thymian
3 Stiele Basilikum
4 Ziegenfrischkäse-Taler
(z. B. Picandou; ca. 120 g)

Nährwerte pro Portion: ca. 310 kcal, 11 g EW, 19 g F, 20 g KH, 9 g BST

+ Zwiebel und Knoblauch schälen und getrennt fein würfeln. Kürbis putzen, schälen, Kerne und Fasern mit einem Löffel entfernen. Kürbis in etwa 2 cm große Stücke schneiden. Die Aubergine putzen, waschen und etwa 2 cm groß würfeln. Paprikas längs halbieren, putzen, waschen und ebenfalls in etwa 2 cm große Stücke schneiden. Tomaten waschen und würfeln, dabei die Stielansätze entfernen.

+ Zwiebel und Kürbis in einem Topf im Öl bei mittlerer bis starker Hitze etwa 1 Minute anbraten. Aubergine, Paprikas und Knoblauch dazugeben und kurz mitbraten. Alles mit Salz und Pfeffer würzen und noch etwa 5 Minuten braten, dabei ab und zu umrühren. Thymian waschen, trocken tupfen, die Blätter abzupfen und fein hacken. Mit den Tomaten zum Gemüse geben, alles aufkochen und mit geschlossenem Deckel bei mittlerer Hitze 20 bis 25 Minuten garen.

+ Zum Servieren Basilikum waschen, trocken tupfen und die Blätter abzupfen. Kürbis-Ratatouille mit Salz und Pfeffer würzen, mit dem Ziegenkäse auf Tellern anrichten und mit Basilikum garnieren. Dazu schmeckt Vollkornbaguette.

Die Ernährungs-Docs

Butternusskürbis hat zwar nur wenig Kerne, aber dafür sehr gesunde: Sie liefern reichlich Ballaststoffe, ungesättigte Fettsäuren, Eiweiß und Mineralstoffe. Für die Biotonne sind sie also – wie auch die Kerne von anderen Kürbissorten – zu schade. Besser aufheben! Man kann sie roh essen oder in einer Pfanne ohne Fett hell rösten und leicht gesalzen als Snack knabbern.

KÜRBIS-KARTOFFEL-TORTILLA

Das spanische Kartoffelomelett kommt hier mit Hokkaido, Chili und Frühlingszwiebeln in neuem Look daher und überzeugt als leichte Mahlzeit zum Sattessen.

Für 2 Personen
Zubereitungszeit: 30 Minuten
Garen: 20–25 Minuten

300 g Hokkaidokürbis
200 g gegarte festkochende Pellkartoffeln (vom Vortag)
4 Frühlingszwiebeln
1 rote Chilischote
4 Eier
4 EL Milch (1,5 % Fett)
Salz, Pfeffer aus der Mühle
frisch geriebene Muskatnuss
½ Bund Petersilie
2 EL raffiniertes Olivenöl
½ TL gemahlener Kreuzkümmel

Nährwerte pro Portion: ca. 400 kcal, 19 g EW, 22 g F, 29 g KH, 6 g BST

+ Kürbis waschen, die Kerne und Fasern mit einem Löffel entfernen. Kürbis erst in etwa 3 cm breite Spalten, dann quer in dünne Scheiben schneiden. Kartoffeln pellen und in etwa ½ cm dünne Scheiben schneiden. Frühlingszwiebeln putzen, waschen, weiße und hellgrüne Teile in dünne Ringe schneiden, 2 EL zum Garnieren beiseitelegen. Die Chili längs halbieren, putzen, waschen und fein würfeln.

+ Die Eier mit der Milch in einer Rührschüssel verquirlen, mit Salz, Pfeffer und Muskatnuss würzen. Die Petersilie waschen, trocken tupfen, die Blätter abzupfen, fein hacken und unterrühren. Backofen auf 180 °C vorheizen. Das Öl in einer beschichteten ofenfesten Pfanne (ca. 20 cm Durchmesser) erhitzen, Kürbis darin etwa 5 Minuten anbraten. Frühlingszwiebeln, Chili und Kreuzkümmel dazugeben und kurz mitdünsten, salzen und pfeffern. Die Kartoffeln vorsichtig unterheben, die Eiermasse darübergießen. Die Tortilla im Ofen auf der mittleren Schiene 20 bis 25 Minuten garen.

+ Zum Servieren die Tortilla aus dem Ofen nehmen, vorsichtig mit einem Pfannenwender lösen und auf einen großen Teller stürzen. Mit den beiseitegelegten Frühlingszwiebeln bestreuen. Dazu schmeckt Kopfsalat mit Tomaten.

Die Ernährungs-Docs
Zu Recht gilt auch die Kartoffel als heimisches Superfood: Sie punktet mit reichlich komplexen Kohlenhydraten und gut verwertbarem Eiweiß. Daneben enthält der Deutschen liebste Knolle Spurenelemente sowie 15 Mineralstoffe – und überrascht mit einem hohen Gehalt an Kalium (wirkt entwässernd!) und Vitamin C, weshalb sie auch „Zitrone des Nordens" genannt wird.

KÜRBIS-KRAUT-FLECKERL MIT TOFU

Unter einer Käsedecke verstecken sich Hokkaidokürbis, Weißkohl und Vollkornbandnudeln: ein herbstlicher Seelenwärmer und Anti-Erkältungs-Booster.

Für 2 Personen
Zubereitungszeit: 30 Minuten
Garen: 10 Minuten

500 g Hokkaidokürbis
200 g Weißkohl
1 Zwiebel
100 g Räuchertofu
60 g mittelalter Gouda (am Stück)
100 g breite Vollkorndinkel-Bandnudeln
Salz
2 EL raffiniertes Olivenöl
Pfeffer aus der Mühle
½ TL rosenscharfes Paprikapulver
125 ml Gemüsebrühe
½ Bund Schnittlauch

Nährwerte pro Portion: ca. 550 kcal, 25 g EW, 25 g F, 47 g KH, 15 g BST

+ Den Kürbis waschen, die Kerne und Fasern mit einem Löffel entfernen. Den Kürbis erst längs in etwa 2 cm breite Spalten, dann quer in dünne Scheiben schneiden. Vom Kohl die äußeren Blätter und den Strunk entfernen. Die Blätter ablösen und in etwa 2 cm große Stücke schneiden. Die Zwiebel schälen, halbieren und in Streifen schneiden. Tofu in etwa ½ cm große Würfel schneiden. Käse grob reiben.

+ Die Nudeln in reichlich kochendem Salzwasser nach Packungsanweisung bissfest garen. Backofen auf 220 °C vorheizen. Kürbis, Kohl und Zwiebel in einer Pfanne im Öl bei mittlerer Hitze unter Wenden etwa 5 Minuten braten. Mit Salz, Pfeffer und Paprika würzen. Die Brühe dazugießen und das Gemüse noch 3 bis 5 Minuten bissfest garen.

+ Nudeln in ein Sieb abgießen, kurz abtropfen lassen und mit dem Tofu unterheben. Alles noch 2 bis 3 Minuten dünsten, dann die Hälfte des Käses untermischen. Nudel-Mix in einer Auflaufform (ca. 18 x 25 cm) verteilen, mit restlichem Käse bestreuen und im Ofen auf der 2. Schiene von unten etwa 10 Minuten überbacken. Zum Servieren Schnittlauch waschen, trocken tupfen und in feine Röllchen schneiden. Fleckerl mit dem Schnittlauch bestreut auf Tellern anrichten.

Die Ernährungs-Docs
Winterzeit, Erkältungszeit: Wer die kalten Monate ohne Schnupfen und Husten überstehen will, sollte im Herbst sein Immunsystem stärken und häufig Kohl und Kürbis essen. Beide Gemüse sind ideal zur Vorbeugung gegen Infekte. Kohl ist reich an den Erkältungsblockern Vitamin C und E, Kürbis unterstützt mit viel Betacarotin und Zink die Abwehrkräfte.

OFENKÜRBIS MIT ROTER BETE UND TAHIN-DIP

Die meiste Arbeit übernimmt der Ofen, Sie haben das Genussvergnügen mit buntem Herbstgemüse und orientalischem Joghurt-Dip – für ein starkes Immunsystem.

Für 2 Personen
Zubereitungszeit: 20 Minuten
Garen: 35 Minuten

500 g Hokkaidokürbis
300 g Rote Beten
300 g Blumenkohl
1 Bio-Orange (nur die Schale)
2 EL kalt gepresstes Olivenöl
1 TL flüssiger Honig
½ TL scharfes Currypulver
Salz, Pfeffer aus der Mühle
1 Knoblauchzehe
200 g griech. Joghurt (10 % Fett)
1 EL Tahin (Sesampaste)
1 EL Zitronensaft
½ Bund Koriandergrün
1 EL Walnussöl

Nährwerte pro Portion: ca. 470 kcal, 11 g EW, 31 g F, 32 g KH, 11 g BST

+ Den Backofen auf 220 °C vorheizen. Ein Backblech mit Backpapier belegen. Den Kürbis waschen, die Kerne und Fasern mit einem Löffel entfernen. Kürbis in etwa 1 cm breite Spalten schneiden. Rote Beten schälen (dabei am besten Einweghandschuhe tragen), je nach Größe halbieren und in etwa 1 cm dicke Scheiben schneiden. Blumenkohl putzen, waschen und in Röschen teilen. Orange heiß waschen und abtrocken, 3 dünne Schalenstreifen abziehen.

+ Olivenöl, Honig, Curry, Salz und Pfeffer verrühren. Knoblauch schälen und dazupressen. Kürbis, Blumenkohl und Orangenschale darin wenden. Rote Beten salzen und pfeffern, nur kurz untermischen. Gemüse auf dem Blech verteilen und im Ofen im unteren Drittel etwa 35 Minuten garen.

+ Inzwischen den Joghurt mit Tahin und Zitronensaft verrühren, mit Salz und Pfeffer würzen. Das Koriandergrün waschen, trocken tupfen, die Blätter abzupfen, fein hacken und untermischen. Zum Servieren das Gemüse aus dem Ofen nehmen, auf Teller verteilen und mit dem Walnussöl beträufeln. Mit dem Tahin-Joghurt-Dip servieren.

Die Ernährungs-Docs
Neben dem Kürbis ist auch die Rote Bete echtes Powerfood. Sie steckt voller Vitamine, Mineralstoffe und Eisen. Ihre Betanine, spezielle rote Pflanzenstoffe, wirken stark antioxidativ und antikanzerogen – schützen also vor Zellschäden und -veränderungen. Zudem stimulieren sie Gallenblase und Leberzellen, stärken die Abwehrkräfte und schützen den Körper vor Infekten.

HEILENDE KÖRNCHEN

Als Körner oder zu Öl verarbeitet – Leinsamen bewirken Wunder für unsere Gesundheit. Das liegt vor allem an ihren Fetten, auch wenn die flachen Mini-Superfoods gar nicht danach aussehen. Die Fettsäurenkonzentration macht Leinsamen einzigartig.

Der Hype um den südamerikanischen Chiasamen als trendiges Superfood hat den guten alten Leinsamen wieder stärker ins Bewusstsein gerückt. Die heimischen Körner stehen dem einstigen Grundnahrungsmittel der Mayas und Azteken in nichts nach – sie sind nur viel preiswerter, wachsen in der Nachbarschaft und haben kein so spektakuläres Image wie die Konkurrenz aus Übersee. Dabei dürften die kleinen gelben oder braunen Samen zu den ersten Superfoods der Welt gehören. Bereits im antiken Griechenland schätzte man die heilende Wirkung von Leinsamen und Leinöl.

EIN DRITTEL BALLASTSTOFFE

Die Liste ihrer gesundheitlichen Pluspunkte ist lang: Leinsamen liefern unter anderem gesunde Fettsäuren, von denen die Hälfte aus Alpha-Linolensäure besteht – einer essenziellen mehrfach ungesättigten Omega-3-Fettsäure. Der Wundersamen besteht zu gut einem Drittel aus Ballaststoffen, die die Verdauung fördern, sehr gut sättigen und Reizdarmbeschwerden lindern. Auch Vitamine und wichtige Spurenelemente sind enthalten. Zusätzlich stärken die Samen die Abwehrkräfte. Eine besondere Bedeutung hat der hohe Anteil an Lignanen, die zu den hormonwirksamen Phytoöstrogenen zählen. Es gibt zahlreiche Studien, die die Vermutung nahelegen, dass diese Stoffe vor Krebsarten schützen können, die hormonabhängig sind – also zum Beispiel vor Brust- oder Prostatakrebs. Damit die wertvollen Nährstoffe optimal verfügbar sind, sollten Sie Leinsamen geschrotet, gemahlen oder eingeweicht essen.

WUSSTEN SIE, DASS ...

... Leinsamen dank ihres Kalziumgehalts Schönmacher für Haut und Haare sind?

... geschrotete Samen nur ein paar Tage halten (am besten im Kühlschrank)?

... Leinsamen schlank machen, weil die Schalen Schleimstoffe enthalten, die den Magen füllen und den Appetit hemmen?

... die Körnchen an Flachs (Lein) wachsen? Das sind Kulturpflanzen, die aussehen wie hohes Gras mit blauen Blüten. Sie stellen keine großen Anforderungen an den Boden und gedeihen in Europa.

GESUNDHEITSTIPPS

- Wer täglich Leinsamenbrot isst, kann laut einer aktuellen Studie aus Kopenhagen das schädliche LDL-Cholesterin im Körper um 7 bis 9 Prozent reduzieren.
- Aufgrund der enthaltenen Phytohormone (siehe links) kann Leinöl bei Hormonstörungen wie Menstruationsbeschwerden oder Hitzewallungen in den Wechseljahren die Symptome lindern.

LEINÖL ENTHÄLT MEHR GUTE FETTSÄUREN ALS FISCH

Die gesunden Inhaltsstoffe des Leinsamens finden sich auch im Leinöl. Es gehört zu den Omega-3-reichen Pflanzenölen, die sogar mehr gesunde Fettsäuren enthalten als Fisch. Beim Kauf sollten Sie unbedingt auf die Qualität achten. Hochwertiges Leinöl wird nicht nur kalt gepresst hergestellt. Wichtig ist auch, dass es zudem unter Ausschluss von Licht und Sauerstoff produziert wird. Denn das gesunde Öl ist äußerst empfindlich. Gut geschütztes Öl erkennen Sie daran, dass auf der Packung „Omega-geschützt" oder „Omega-safe" steht. Bei sorgsam ausgewähltem Leinöl ist die Angst vor Fett unbegründet. Wirklich ungesund sind nur die sogenannten Transfette, die industriell hergestellt werden und in Fertigprodukten, Backwaren oder billiger Margarine stecken. Optimal wirkt Leinöl übrigens in Kombination mit Oliven- oder Weizenkeimöl. Wichtig ist bei hochwertigen Lein- oder auch Olivenölen, dass sie in der Pfanne nicht zu stark erhitzt werden, denn dann produzieren die Öle selbst Transfette. **Tipp:** Braten Sie weniger und garen Sie Gemüse oder Fisch fettfrei im Ofen und beträufeln Sie das Gericht erst zum Servieren mit hochwertigem Öl.

QUARKCREME MIT FRÜCHTEN

Das ultimative Frühstück: In der Quark-Leinöl-Creme stecken mit Omega-3-Fettsäuren und Aminosäuren wichtige Stoffe für ein gesundes Herz, Augen und Gehirn.

Für 2 Personen
Zubereitungszeit: 10 Minuten

300 g Magerquark
4 EL Milch
4 EL Leinöl
2 TL flüssiger Honig
2 rotbackige säuerliche Äpfel (z. B. Elstar)
1 EL Zitronensaft
200 g Erdbeeren
¼ TL Zimtpulver
2 Msp. gemahlener Anis
4 EL geschroteter Leinsamen
6 Walnusskerne
1 EL Sonnenblumenkerne

Nährwerte pro Portion: ca. 720 kcal, 28 g EW, 47 g F, 39 g KH, 10 g BST

+ Den Quark mit der Milch in einer Rührschüssel glatt rühren. Dann das Leinöl und den Honig dazugeben und so lange unterrühren, bis kein Öl mehr sichtbar ist.

+ Die Äpfel waschen, vierteln und entkernen. Die Viertel quer in dünne Scheiben schneiden und sofort mit dem Zitronensaft beträufeln, damit sie sich nicht bräunlich verfärben. Die Erdbeeren waschen, putzen und je nach Größe halbieren oder vierteln.

+ Zwei Drittel der Apfel- und Erdbeerstücke vorsichtig mit Zimt und Anis mischen, auf Schalen verteilen und mit Leinsamen bestreuen. Die Quark-Leinöl-Creme darauf verteilen.

+ Zum Servieren die Walnüsse und Sonnenblumenkerne hacken und mit den übrigen Apfel- und Erdbeerstücken über die Creme streuen. (Tipp: Wer unter Fruktoseintoleranz leidet, kann Honig, Zimt, Anis und Früchte durch Radieschen, Gurke und gehackte Kräuter ersetzen.)

Die Ernährungs-Docs
Leinöl und Quark sind die ideale Basis für ein gesundes Frühstück. Denn diese Eweiß-Öl-Kombination versorgt uns nicht nur viele Stunden mit Energie. Sie gewährleistet auch die gleichzeitige Aufnahme wertvoller ungesättigter Fettsäuren und spezieller schwefelhaltiger Aminosäuren in den Körper.

DUNKLES LOW-CARB-LEINSAMENBROT

Davon sollten Sie sich eine Scheibe abschneiden! Samen und Nüsse machen das Brot nährstoffreich, Leinsamenmehl bringt Ballaststoffe und Bindung – ganz ohne Ei!

Für 1 Brot (ca. 800 g; 16 Scheiben)
Zubereitungszeit: 20 Minuten
Quellen: 3 Stunden
Backen: 60–70 Minuten

80 g Walnusskerne
140 g Sonnenblumenkerne
100 g Leinsamen
40 g Flohsamenschalen
150 g Leinsamenmehl
1 ½ TL feines Meersalz
4 EL Walnussöl
1 TL Rohrohrzucker
etwas Leinsamen zum Bestreuen

Nährwerte pro Scheibe: ca. 170 kcal, 8 g EW, 11 g F, 4 g KH, 7 g BST

+ Eine Kastenform (ca. 25 cm Länge) mit Backpapier auslegen. Die Walnüsse hacken. Anschließend mit den Sonnenblumenkernen, Leinsamen, Flohsamenschalen, Leinsamenmehl und Meersalz in einer Rührschüssel am besten mit einem Schneebesen mischen. Öl, Zucker und 350 ml Wasser in mehreren Portionen mit den Quirlen des Handrührgeräts unterrühren. Den Teig in die Form füllen, glatt streichen und zugedeckt etwa 3 Stunden quellen lassen. Den Backofen auf 180 °C vorheizen.

+ Das Brot mit Leinsamen bestreuen und im Ofen auf der mittleren Schiene 60 bis 70 Minuten backen. Dabei gegen Ende der Backzeit eine Stäbchenprobe machen: Dazu ein Holzstäbchen in das Brot stecken – wenn beim Herausziehen kein Teig daran klebt, ist das Brot fertig.

+ Das Brot aus dem Ofen nehmen und auf dem Kuchengitter etwa 10 Minuten abkühlen lassen, dann aus der Form lösen und vollständig abkühlen lassen. Kühl und trocken gelagert bleibt es bis zu 1 Woche saftig und frisch.

Die Ernährungs-Docs
Mehl aus geschrotetem ungeröstetem Leinsamen eignet sich ideal für die Low-Carb-Ernährung. Denn es enthält reichlich Eiweiß, aber nur minimal Kohlenhydrate – maximal 5 Gramm pro 100 Gramm. Außerdem wartet Leinsamenmehl, das als Nebenprodukt bei der Pressung von Leinöl aus den Samen entsteht, mit einem hohen Eiweiß- und Ballaststoffgehalt auf und ist bis heute als Hausmittel für eine natürliche und schonende Darmreinigung beliebt.

LAUCHTARTE MIT LEINSAMEN

Gesunde Runde mit Vitamin C, Folsäure und Ballaststoffen: Lauch und Zwiebeln gesellen sich auf knusprigem Vollkorndinkelboden zur würzigen Käserahmcreme mit Leinsamen.

Für 1 Tarte- oder Springform
(ca. 28 cm Durchmesser; 8 Stück)
Zubereitungszeit: 45 Minuten
Kühlen: 30 Minuten
Backen: 35–40 Minuten

150 g Vollkorndinkelmehl
75 g Leinsamenmehl, 4 Eier
Salz, 100 g kalte Butter
600 g Lauch
2 große rote Zwiebeln
2 EL raffiniertes Olivenöl
Pfeffer aus der Mühle
frisch geriebene Muskatnuss
½ Bund Petersilie
50 g Emmentaler (am Stück)
200 g saure Sahne (10 % Fett)
100 ml Gemüsebrühe
3 EL Leinsamen
Fett für die Form, Mehl zum Arbeiten

Nährwerte pro Stück: ca. 380 kcal, 14 g EW, 27 g F, 17 g KH, 7 g BST

+ Dinkel- und Leinsamenmehl mischen, in die Mitte eine Mulde drücken, 1 Ei und ¼ TL Salz dazugeben. Butter in Würfeln auf dem Mehlrand verteilen. Alles rasch zu einem glatten Teig kneten, bei Bedarf 1 bis 2 EL kaltes Wasser hinzufügen. Zur Kugel formen und etwa 30 Minuten kühl stellen.

+ Inzwischen den Lauch putzen, waschen, das Weiße und Hellgrüne in dünne Scheiben schneiden. Die Zwiebeln schälen, halbieren und in Streifen schneiden. Mit dem Lauch in einer großen Pfanne im Öl bei mittlerer Hitze etwa 5 Minuten dünsten. Mit Salz, Pfeffer und Muskatnuss würzen, vom Herd nehmen. Die Petersilie waschen, trocken tupfen, die Blätter abzupfen und fein hacken, dann untermischen. Den Backofen auf 200 °C vorheizen. Die Backform einfetten.

+ Den Käse fein reiben, dann mit den übrigen Eiern, saurer Sahne, Brühe und Leinsamen verrühren. Den Teig auf der bemehlten Arbeitsfläche etwa 3 cm größer als die Form ausrollen. Die Form damit auskleiden, den Boden mit einer Gabel mehrmals einstechen, das Gemüse darauf verteilen und mit dem Eierguss begießen. Die Tarte im Ofen auf der mittleren Schiene 35 bis 40 Minuten backen. Herausnehmen und vor dem Servieren etwa 10 Minuten abkühlen lassen.

Die Ernährungs-Docs

Zwiebel und Lauch gelten als natürliche Antibiotika. Das liegt an den Sulfiden: Diese Scharfmacher erschweren nicht nur Bakterien, Viren und Pilzen das Leben, sie regen die Immunabwehr an. In den Pflanzen liegen sie als inaktive Vorstufe vor. Erst wenn das Gemüse geschnitten wird, aktivieren Enzyme die Schwefelverbindungen – und lassen die Tränen fließen.

KERNIGE LEINSAMEN-CRACKER

Gesunder Knabberspaß mit Orient-Touch: Man kann die Cracker als Powersnack oder Verdauungshilfe einfach aus der Hand knuspern oder mit einem Dip servieren.

Für 24 Stück
Zubereitungszeit: 15 Minuten
Einweichen: 20 Minuten
Backen: 45–50 Minuten

100 g Leinsamen
3 EL Sonnenblumenkerne
2 EL helle Sesamsamen
1 EL kalt gepresstes Olivenöl
1 EL Leinsamenmehl
30 g Kichererbsenmehl
½ TL getrockneter Thymian
½–1 TL Meersalz (ersatzweise Salz)
1 TL Ras el-Hanout (mar. Gewürzmischung)

Nährwerte pro Stück: ca. 22 kcal, 1 g EW, 1 g F, 1 g KH, 1 g BST

+ Den Leinsamen in 100 ml kaltem Wasser in einer Rührschüssel etwa 20 Minuten einweichen. Sonnenblumenkerne, Sesam, Öl, Leinsamen- und Kichererbsenmehl dazugeben. Alles mit Thymian, Salz und Ras el-Hanout würzen und mit den Quirlen des Handrührgeräts zu einem festen Teig verkneten, bei Bedarf noch etwas Wasser dazugeben.

+ Den Backofen auf 130 °C (Umluft) vorheizen. Ein Blech mit Backpapier belegen. Den Teig auf dem Blech verstreichen und mit angefeuchteten Händen etwas flach drücken. Anschließend eine Frischhaltefolie darüberlegen und den Teig mit dem Nudelholz etwa 2 mm dünn zu einem Rechteck (ca. 20 x 30 cm) ausrollen. Die Folie abziehen und die Teigplatte in 24 etwa 5 cm große Rauten schneiden, sodass sie sich später gut auseinanderbrechen lassen.

+ Die Cracker im Ofen auf der mittleren Schiene 45 bis 50 Minuten knusprig backen. Das Blech herausnehmen und die Cracker darauf abkühlen lassen. Dann vom Blech lösen, auseinanderbrechen und in Dosen kühl und dunkel lagern. So halten sie sich 3 bis 4 Wochen.

Die Ernährungs-Docs

Leinsamen enthalten reichlich wasserlösliche Ballaststoffe, von denen ein relativ großer Teil in der Schale steckt. Diese sind schleimbildend und quellen. Um ihre Wirkung zu entfalten, müssen die Kerne aber nicht geschrotet werden. Studien haben gezeigt, dass ganze oder nur leicht aufgebrochene Leinsamen im Darm sogar für eine bessere Passage des Nahrungsbreis sorgen. Zum Backen eignet sich auch Goldleinsamen sehr gut. Er hat ein höheres Quellvermögen als die braunen Sorten, enthält aber weniger Alpha-Linolensäure (Omega-3-Fettsäure).

LEINSAMEN-ENERGY-BALLS

Die rohköstlichen Pralinen sind supergesund, weil sie voller Nährstoffe und guter Fette stecken. Geben Sie sich also einfach die Kugel, wenn sich ein Leistungstief ankündigt.

Für 16 Stück
Zubereitungszeit: 15 Minuten
Kühlen: 1 Stunde

100 g Leinsamen
50 g geschälte Hanfsamen (aus Reformhaus oder Bioladen; ersatzweise Walnusskerne)
5 Datteln
1 EL natives Kokosöl
2 EL Mandelmus
2 EL vegane Kakao-Nibs
4 EL Kokosraspel

Nährwerte pro Stück: ca. 110 kcal, 3 g EW, 9 g F, 5 g KH, 2 g BST

+ Leinsamen und Hanfsamen im Mixer fein schroten. Die Datteln entsteinen und in Stücke schneiden, mit dem Öl und dem Mandelmus dazugeben und alles zu einer Art Paste verarbeiten. Anschließend die Kakao-Nibs und 2 EL Kokosraspel hinzufügen und ebenfalls kurz unter die Paste mengen.

+ Aus der Masse mit angefeuchteten Händen 16 Bällchen formen. Die übrigen Kokosraspel auf einem flachen Teller verteilen und die Energy-Balls darin gründlich wälzen.

+ Die Bällchen vor dem Verzehr im Kühlschrank noch etwa 1 Stunde ruhen lassen. Luftdicht verpackt und gekühlt sind die Energy Balls etwa 2 Wochen haltbar.

Die Ernährungs-Docs
Die kleinen Hanfsamen sind echte Kraftnahrung: Sie haben eine hohe Nährstoffdichte und liefern ein hochwertiges pflanzliches Eiweiß. Die Zusammensetzung ihrer Aminosäuren ähnelt der menschlichen am meisten, das heißt, das Eiweiß besitzt eine hohe biologische Wertigkeit, kann also vom Körper sehr leicht aufgenommen werden. Außerdem weisen die Kerne eine für den Körper sehr günstige Zusammensetzung an Omega-3- und Omega-6-Fettsäuren auf.

KLEINE SCHARFMACHER

Ohne Knoblauch, Zwiebeln, Chili oder Meerrettich würden viele Gerichte langweilig schmecken. Unsere Top-Scharfmacher peppen das Essen nicht nur geschmacklich, sondern auch gesundheitlich auf.

FEURIGE SCHOTEN

In **Chilischoten** stecken Bitterstoffe, die den Stoffwechsel anregen, das Immunsystem stärken, Muskelschmerzen lindern, das Herz kräftigen und Krankheitserreger abtöten können. Der Scharfstoff Capsaicin wirkt als Schlankmacher, da er die Fettverbrennung ankurbelt. Manche vertragen ihn nicht in seiner ganzen Wucht. Deshalb Chili maßvoll einsetzen und Kerne sowie Trennhäute entfernen. Gegen „Feueralarm“ im Mund hilft Öl- und Fetthaltiges (Joghurt, Milch, Käse) besser als Wasser.

GESUNDHEITSTIPPS

- Schnelle Hilfe bei Kopfschmerzen: Beißen Sie in eine Chilischote. Dann weiten sich die Gefäße im Kopf und die Durchblutung verbessert sich.
- Chili hilft gegen Zahnschmerzen: gemahlenes Pulver mit Wasser zu einer Paste verrühren und auf den betroffenen Zahn geben.

TOLLE KNOLLE

Knoblauch enthält die Schwefelverbindung Allicin; diese aktiviert Enzyme, die freie Radikale abfangen können. Die Knolle wirkt daher antioxidativ und zellschützend. Daneben verhindert sie, dass sich Cholesterinpartikel an den Innenwänden der Blutgefäße festsetzen. Das verringert die Gefahr von Herzinfarkt und Schlaganfall. Knoblauch wirkt auch gegen Bluthochdruck und gilt als Jungmacher.

GESUNDHEITSTIPPS

- Bei Husten und Schnupfen 1 durchgepresste Knoblauchzehe mit je 1 EL Zitronensaft und Honig mischen.
- Bei bakteriellem Durchfall: 1 Knolle schälen, in ½ l Wasser mit 3 Ingwerscheiben 10 bis 15 Minuten köcheln. Abseihen und warm trinken.

WÜRZIGE HEILKÜNSTLER

Alle **Zwiebelgewächse** können (am besten roh verzehrt) einen zu hohen Blutzuckerspiegel senken und sind daher ideal für Diabetiker. Der strenge Geruch kommt von schwefelhaltigen Verbindungen, die im Körper segensreich wirken – zum Beispiel zum Aufbau einer Aminosäure, die Hormone aktiviert, die für den Fettabbau zuständig sind. Auch als Verdauungshilfe, Herzschutz und Krebsprophylaxe haben sich Zwiebeln bewährt.

GESUNDHEITSTIPPS

- Zwiebeltee (frisch geschnittene Zwiebel in 1 Tasse Wasser aufkochen) hilft bei Halsschmerzen, Schnupfen und Husten. Etwas Honig macht den Gesundtrunk leckerer.
- Rohe Zwiebeln lindern auch Ohrenschmerzen, wenn man sie schält, in dünne Scheiben schneidet und in ein Baumwolltuch verpackt. Das Päckchen kurz in der Mikrowelle erhitzen und dann auf das Ohr legen.

SCHARFES SCHÄTZCHEN

Meerrettich enthält Vitamin C, B_1, B_2, B_6 und zahlreiche Mineralstoffe. Nur seine Wurzel kommt als Heilmittel zum Einsatz. Darin stecken Scharfstoffe – die für die Kreuzblütler typischen Glucosinolate (siehe Seite 7) –, die uns die Tränen in die Augen treiben, aber kerngesunde Multitalente sind: Sie wirken gegen Verstopfung, Blasenentzündung, Schmerzen, Infekte und aufkommende Erkältungen. Frisch gerieben passt das „Penicillin aus dem Garten“ perfekt zu Tafelspitz, Fisch oder hart gekochten Eiern. Die meisten kennen Meerrettich aus scharfen Saucen.

GESUNDHEITSTIPPS

- Gegen Blasenentzündung wirkt ein Tee: 4 EL Meerrettich reiben, mit dem Saft von 1 Zitrone in ½ l heißem Wasser ziehen lassen und abseihen.
- 1 Stück frisch geriebene Wurzel mit 1 TL Honig gemischt hilft gegen Husten mit zähem Bronchialschleim.

Rahm-Meerrettich

Für 1 Glas (ca. 250 ml): 150 g Meerrettich schälen und auf der Gemüsereibe fein reiben (dabei am besten eine Schutzbrille tragen). Mit 2 bis 3 TL Zitronensaft, 1 geh. TL Meersalz, 1 TL Rohrohrzucker und 100 g saurer Sahne (10 % Fett) cremig pürieren. Mit Pfeffer aus der Mühle würzen. In ein sauberes Schraubglas füllen und verschließen. Hält sich kühl 1 bis 2 Wochen. Passt zu gekochtem Fleisch, Fisch und Gemüserohkost.

EIN HOCH AUF DIE FEINEN KLEINEN

Preiswert, praktisch und kerngesund. Linsen gelten schon lange nicht mehr als Armeleuteessen. Die leckeren Hülsenfrüchte sind erstklassige Energie- und Vitalstofflieferanten. Zu Recht erleben sie als Superfoods jetzt ihre Renaissance.

Sie kommen unscheinbar aus der Tüte oder aus der Konserve, entfalten dann aber in der Küche ungeahnte Kräfte. Lange waren Linsen bei uns als schlichtes Essen verpönt, doch in letzter Zeit wurden sie als Top-Lebensmittel neu entdeckt. Ob gelb, rot, grün, schwarz oder braun – selbst bei Gourmetköchen sind die Winzlinge beliebt. Man muss aber kein Spitzenkoch sein, um auf den Geschmack zu kommen. Linsen sind trotz ihrer tollen inneren Werte sehr preiswert und äußerst praktisch. Da sie kleiner sind als andere Hülsenfrüchte, ist ihre Einweich- und Kochzeit kürzer. Sie halten lange und kommen in der Küche als Allrounder für die Gesundheit vielfältig zum Einsatz.

GESUNDE SATTMACHER MIT KOMPLEXEN KOHLENHYDRATEN

Linsen liefern hochwertige komplexe Kohlenhydrate (siehe rechts), die gut sättigen. Dafür sorgt auch der hohe Eiweißanteil. Linsen-Burger, Tofusteak aus Sojabohnen oder Falafel aus Kichererbsen bieten gesunden Fleischersatz – und haben andere angenehme Nebenwirkungen: Reichlich Ballaststoffe fördern die Verdauung, sodass Giftstoffe im Darm gebunden und besser ausgeschieden werden. Eine Reihe von Antioxidantien schützt außerdem vor Krankheiten – zum Beispiel Saponine, Flavone und Phenolsäuren. Schließlich stärken die Hülsenfrüchte das Immunsystem und liefern Kalium, Magnesium, Eisen, Zink und wichtige B-Vitamine.

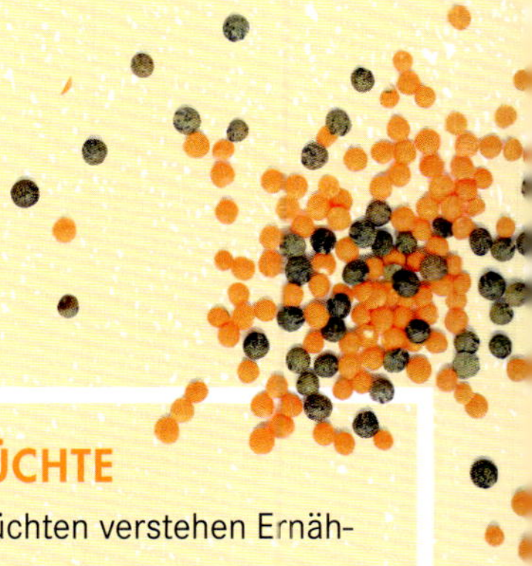

HÜLSENFRÜCHTE

Unter Hülsenfrüchten verstehen Ernährungsfachleute immer die getrocknete Variante. Anders als frische Erbsen und Bohnen sind sie fertig ausgereift und enthalten deshalb mehr Eiweiß. Zur Gruppe der Hülsenfrüchte zählen auch Erbsen, Erdnüsse, Bohnen, Kichererbsen, Sojabohnen und Süßlupinen.

WUSSTEN SIE, DASS ...

... Linsen die älteste Kulturpflanze der Welt sind und schon seit mehr als 8000 Jahren angebaut werden?

... Leistungssportler einer kanadischen Studie zufolge ihre Ausdauer verbessern, wenn sie vor dem Wettkampf Linsen statt Nudeln oder Kartoffeln essen?

... Gewürze wie Kümmel und Anis Linsen verträglicher machen? Der Spruch „Jedes Böhnchen ein Tönchen" gilt ebenfalls nicht mehr, wenn Sie das Einweich- und Kochwasser abgießen und die Linsen in einem Sieb waschen. So gehen blähende Stoffe verloren, die sich beim Kochen und Einweichen bereits gelöst haben.

FORMEN- UND FARBENVIELFALT

Kommen Linsen vorgegart aus der Dose, müssen sie nur noch erwärmt werden. Getrocknet aus der Tüte müssen manche Sorten erst im Sieb abgebraust und vor dem Kochen über Nacht in Wasser eingeweicht werden. Berg-, Beluga- und Puy-Linsen sind auch ohne vorheriges Einweichen in 25 bis 30 Minuten gar. Rote und gelbe (geschälte) Linsen garen sogar in gut 10 Minuten weich. Die Farben sind vielfältig und machen optisch etwas her. Die kleinen Samen unterscheiden sich auch in ihren Formen, Größen und Kocheigenschaften. Der Geschmack reicht von erdig bis nussig. Dabei gilt: Je kleiner die Linse, desto feiner ist das Aroma. Kühl und trocken gelagert bleiben Linsen gut 1 Jahr genießbar.

LINSEN

Nährwerte pro 100 g

Kalorien: 329 kcal

Eiweiß: 23,5 g

Kohlenhydrate: 49,3 g

Fett: 1,4 g

Ballaststoffe: 10,6 g

LINSEN STABILISIEREN DEN BLUTZUCKERSPIEGEL

Für alle, die auf ihre schlanke Linie achten, sind Linsen mit ihrem niedrigen glykämischen Index (GLYX) wertvoll. Das bedeutet, dass der Blutzuckerspiegel nach dem Essen eher langsam ansteigt und nur eine geringe Insulinausschüttung zur Folge hat. Verantwortlich dafür sind vermutlich die lange als schädlich eingestuften Protease-Inhibitoren und Lektine, die den Blutzuckerspiegel regulieren und die Krebsentstehung erschweren sollen. Durch Erhitzen werden diese Inhaltsstoffe allerdings zum Großteil zerstört.

ORIENTALISCHER LINSENTOPF

Chili, Zimt und Kreuzkümmel heizen erst dem Eintopf, dann dem Stoffwechsel ein. Dazu kühlender Joghurt und Koriander – so schmecken Linsen nach „1001 Nacht".

Für 2 Personen
Zubereitungszeit: 45 Minuten

1 Zwiebel, 1 Knoblauchzehe
1 Möhre
1 Stange Staudensellerie
1 rote Chilischote
3 EL raffiniertes Olivenöl
1 Zimtstange
2 TL ganzer Kreuzkümmel
600 ml glutenfreie Gemüsebrühe
400 g stückige Tomaten (aus der Dose)
125 g Berglinsen
200 g Aubergine
Salz, Pfeffer aus der Mühle
2 Frühlingszwiebeln
½ Bund Koriandergrün
1–2 TL flüssiger Honig
2 EL Limettensaft
100 g griech. Joghurt (10 % Fett)

Nährwerte pro Portion: ca. 560 kcal, 21 g EW, 28 g F, 46 g KH, 18 g BST

+ Zwiebel und Knoblauch schälen und getrennt in feine Würfel schneiden. Die Möhre putzen und schälen, Sellerie putzen und waschen, beides in kleine Würfel schneiden. Chili längs halbieren, putzen, waschen und klein würfeln.

+ Die Zwiebel in einem Topf in 1 EL Öl bei mittlerer Hitze andünsten. Möhre, Sellerie und Knoblauch hinzufügen und unter Rühren etwa 3 Minuten anbraten. Chili, Zimtstange und Kreuzkümmel dazugeben und kurz mitdünsten. Dann Brühe und Tomatenstücke unterrühren. Die Linsen in einem Sieb abbrausen, abtropfen lassen und hinzufügen. Alles aufkochen und mit geschlossenem Deckel bei mittlerer Hitze 25 bis 30 Minuten köcheln lassen.

+ Inzwischen Aubergine putzen, waschen und etwa 2 cm groß würfeln. In einer Pfanne im übrigen Öl etwa 5 Minuten rundum anbraten, salzen und pfeffern, beiseitelegen. Frühlingszwiebeln putzen, waschen, das Weiße und Hellgrüne in dünne Ringe schneiden. Koriandergrün waschen, trocken tupfen, Blätter abzupfen und grob hacken. Den Eintopf mit Salz, Pfeffer, Honig und Limettensaft abschmecken. Mit Auberginenwürfeln und je 1 Klecks Joghurt auf Tellern anrichten. Mit Frühlingszwiebeln und Koriander bestreut servieren.

Die Ernährungs-Docs
Bei Hülsenfrüchten wie Linsen ist es wichtig, sie mit ausreichend verdauungsfördernden Gewürzen zuzubereiten. So werden die Gerichte bekömmlicher und sorgen nach dem Essen für ein Wohlgefühl. Kreuzkümmel beeinflusst die Verdauung, indem er die Gallen- und Magensaftsekretion anregt. Auch Kurkuma gilt als Verdauungshelfer (siehe Seite 66).

LINSEN-APFEL-SALAT

Der perfekte Mittagssnack: Der frische Salat versorgt den Körper mit Energie und enthält Eisen und B-Vitamine, die Müdigkeit und Erschöpfung vorbeugen.

Für 2 Personen
Zubereitungszeit: 35 Minuten

80 g braune Berglinsen
½ Salatgurke
1 Stange Staudensellerie
1 säuerlicher Apfel (z. B. Elstar)
2 EL Apfelessig
2 EL Zitronensaft
1 TL Harissa-Paste
1 TL flüssiger Honig
Salz, Pfeffer aus der Mühle
3 EL kalt gepresstes Olivenöl
2 TL Leinöl
½ Bund Schnittlauch
30 g Walnusskerne
1 Mini-Römersalat

Nährwerte pro Portion: ca. 500 kcal, 14 g EW, 32 g F, 35 g KH, 11 g BST

+ Linsen in einem Sieb abbrausen und abtropfen lassen. Mit 500 ml Wasser in einem Topf mit geschlossenem Deckel aufkochen, bei mittlerer Hitze 25 bis 30 Minuten garen.

+ Inzwischen die Gurke schälen und in kleine Würfel schneiden. Den Sellerie putzen, waschen und in dünne Scheiben schneiden. Den Apfel waschen, vierteln und entkernen. Die Viertel quer in dünne Scheiben schneiden.

+ Für das Dressing Essig, Zitronensaft, Harissa, Honig, Salz und Pfeffer in einer Schüssel verrühren, Oliven- und Leinöl unterrühren. Den Schnittlauch waschen, trocken tupfen, in feine Röllchen schneiden und untermischen.

+ Die Linsen in ein Sieb abgießen, kurz kalt abschrecken und abtropfen lassen. Linsen, Gurke, Sellerie und Apfel mit dem Dressing mischen und den Salat abschmecken.

+ Zum Servieren die Nüsse grob hacken. Den Römersalat putzen, waschen, trocken schütteln und die Blätter auf Tellern auslegen. Den Linsensalat darauf verteilen und zuletzt mit den Walnüssen bestreuen.

Die Ernährungs-Docs
Berglinsen sind ungeschält und damit geschmacksintensiver und nährstoffreicher als die geschälten Vertreter der gleichen Art, die als rote Linsen angeboten werden. Außerdem liefern sie mehr gesunde Ballaststoffe, die die Verdauung ankurbeln. Um Blähungen zu vermeiden, sollten Sie die Linsen vor dem Einweichen immer gut abspülen.

LINSEN-KOKOS-CURRY

Mit Curry, Ingwer und Kokosmilch schmecken Linsen mit Kohlrabi und Lauch gleich viel aufregender: indisch, vegan, frisch! Dazu passt Vollkorn-Basmatireis.

Für 2 Personen
Zubereitungszeit: 45 Minuten

125 g Vollkorn-Basmatireis
Salz
125 g Puy-Linsen
1 junger Kohlrabi (ca. 300 g)
1 Stange Lauch (ca. 250 g)
1 kleine Zwiebel
1 Knoblauchzehe
15 g Ingwer
½ EL natives Kokosöl
1 EL milde gelbe indische Currypaste
200 ml Kokosmilch
125 ml glutenfreie Gemüsebrühe
Pfeffer aus der Mühle
½ Bund Petersilie

Nährwerte pro Portion: ca. 770 kcal, 26 g EW, 31 g F, 87 g KH, 20 g BST

+ Den Reis in einem Sieb so lange kalt waschen, bis das Wasser klar abläuft. Dann in Salzwasser nach Packungsanweisung bissfest garen, ggf. warm halten. Inzwischen die Linsen in einem Sieb abbrausen und in kochendem Wasser ohne Salz (!) 20 bis 25 Minuten weich garen. Kurz vor Ende der Garzeit die Linsen kräftig mit Salz würzen.

+ Währenddessen den Kohlrabi schälen und etwa 1 cm groß würfeln. Den Lauch putzen, gründlich waschen und schräg in etwa ½ cm dünne Scheiben schneiden. Zwiebel, Knoblauch und Ingwer schälen und fein würfeln, in einem Topf im Öl bei milder Hitze andünsten. Die Currypaste einrühren und kurz mitbraten. Kokosmilch und Brühe dazugießen, alles aufkochen und offen etwa 5 Minuten garen. Dann Kohlrabi und Lauch hinzufügen, alles mit geschlossenem Deckel aufkochen und etwa 10 Minuten köcheln lassen.

+ Die Linsen in ein Sieb abgießen, kalt abschrecken und abtropfen lassen. Zum Curry geben und noch 2 bis 3 Minuten mitgaren, bis sich alles gut verbunden hat. Mit Salz und Pfeffer abschmecken. Zum Servieren die Petersilie waschen, trocken tupfen, die Blätter abzupfen und fein hacken. Das Linsen-Curry mit Reis und Petersilie anrichten.

Die Ernährungs-Docs
Linsen sind eine wertvolle Pflanzeneiweißquelle. Isst man sie mit einem Vollkorngetreide wie Pasta, Brot oder Reis, wird ihre biologische Wertigkeit erhöht. Denn Linsen fehlen zwei lebensnotwendige Aminosäuren (Methionin und Cystin), die im Getreide enthalten sind. Durch die Kombi beider Lebensmittel wird der Körper mit allen acht essenziellen Aminosäuren versorgt.

PENNE MIT BALSAMICO-LINSEN-BOLOGNESE

Wer Linsen mag, wird diese Pastasauce lieben! Wurzelgemüse, Essig und Thymian machen sie schön würzig, sodass garantiert niemand das Fleisch vermisst.

Für 2 Personen
Zubereitungszeit: 40 Minuten

2 Schalotten
1 Knoblauchzehe
1 Möhre
1 Stange Staudensellerie
1 kleine Stange Lauch
6 Zweige Thymian
2 EL raffiniertes Olivenöl
1 EL Tomatenmark
2 EL Aceto balsamico
350 ml Gemüsebrühe
100 g Beluga-Linsen
Salz, Pfeffer aus der Mühle
200 g Vollkorn-Penne
½ Bund Petersilie

Nährwerte pro Portion: ca. 680 kcal, 28 g EW, 17 g F, 90 g KH, 25 g BST

+ Schalotten und Knoblauch schälen und getrennt fein würfeln. Möhre putzen und schälen, Sellerie und Lauch putzen und waschen, alles in kleine Würfel schneiden. Thymian waschen, trocken tupfen, Blätter abzupfen und fein hacken.

+ Schalotten in einem Topf im Öl bei mittlerer Hitze andünsten. Möhre, Sellerie, Lauch und Knoblauch hinzufügen und 2 bis 3 Minuten mitdünsten. Das Tomatenmark dazugeben und kurz andünsten. Mit Essig und Brühe ablöschen. Linsen in einem Sieb abbrausen, mit dem Thymian hinzufügen und aufkochen. Mit geschlossenem Deckel bei milder bis mittlerer Hitze 20 bis 25 Minuten köcheln lassen, bis die Linsen weich sind, dabei ab und zu umrühren und bei Bedarf etwas Wasser dazugießen. Salzen und pfeffern.

+ Inzwischen die Nudeln in reichlich kochendem Salzwasser nach Packungsanweisung bissfest garen. Die Petersilie waschen, trocken tupfen, Blätter abzupfen und fein hacken. Zum Servieren die Nudeln in ein Sieb abgießen und kurz abtropfen lassen, mit Bolognese und Petersilie anrichten.

Die Ernährungs-Docs
Klein, schwarz und glänzend – Beluga-Linsen fallen nicht nur wegen ihrer Farbe ins Auge, sie stechen auch als Powerfood hervor: Ihr hoher Anteil an B-Vitaminen soll sich positiv auf den Informationsfluss zwischen den Gehirnzellen auswirken. Weil sie wenig Natrium enthalten, sind sie außerdem ideal für alle, die einen erhöhten Blutdruck haben und daher auf eine kochsalzarme Ernährung achten müssen. Die Linsen dann bitte ohne Salz und Brühe kochen!

LINSEN-BURGER MIT AJVAR

Dieser Hochstapler hat alles, was ein Veggie-Burger braucht: Würzige Pattys aus roten Linsen werden mit Gurke, Frischkäse und Ajvar im Vollkorn-Bun serviert.

Für 2 Personen
Zubereitungszeit: 45 Minuten
Kühlen: 1 Stunde

125 g rote Linsen
200 ml Gemüsebrühe
1 kleine rote Zwiebel
1 kleine Knoblauchzehe
2 ½ EL raffiniertes Olivenöl
1 Eigelb
½ TL rosenscharfes Paprikapulver
Salz, Pfeffer aus der Mühle
1 EL Flohsamenschalen
2 große flache Vollkornbrötchen
4 Blätter Römersalat
(am besten aus den Herzen)
100 g Salatgurke
60 g Frischkäse (Halbfettstufe)
4 TL mildes Ajvar (Paprikapaste)

Nährwerte pro Portion: ca. 600 kcal, 28 g EW, 22 g F, 63 g KH, 21 g BST

+ Die Linsen in einem Sieb abbrausen, in einem Topf in der Brühe mit geschlossenem Deckel aufkochen und bei milder bis mittlerer Hitze 10 bis 15 Minuten garen, bis die Flüssigkeit vollständig eingekocht ist und die Linsen fast zerfallen. In eine Schüssel füllen und etwa 1 Stunde abkühlen lassen.

+ Inzwischen Zwiebel und Knoblauch schälen, fein würfeln und in einer kleinen Pfanne in ½ EL Öl bei mittlerer Hitze andünsten. Mit Eigelb, Paprikapulver, Salz und Pfeffer zu den Linsen geben. Die Flohsamenschalen nach und nach unterrühren und die Masse noch etwa 10 Minuten ruhen lassen.

+ Die Brötchen halbieren und die Schnittflächen in einer Pfanne ohne Fett hell rösten, beiseitelegen. Aus der Linsenmasse mit angefeuchteten Händen 2 Pattys formen, in der Pfanne im übrigen Öl auf jeder Seite etwa 4 Minuten braten.

+ Die Salatblätter waschen und trocken schütteln. Die Gurke waschen und in Scheiben schneiden. Die Brötchenunterseiten mit Frischkäse bestreichen, mit Salat und Pattys belegen und mit je 2 TL Ajvar bestreichen. Gurkenscheiben und Brötchendeckel daraufsetzen und die Burger servieren.

Die Ernährungs-Docs
Toppen Sie den Burger mit selbst gezogenen roten Linsensprossen! Beim Keimen erhöht sich die Nährstoffdichte: Die Keimlinge liefern dem Körper alle essenziellen Aminosäuren und sind leicht verdaulich. Wichtig: gekeimte Hülsenfrüchte niemals roh verwenden. Sie enthalten schädliche Stoffe, die aber durch kurzes Blanchieren zerstört werden. Auch Sprossen aus Getreide, Kresse, Senf & Co. sind mit ihrem hohen Vitalstoffgehalt beste Superfood-Zutaten.

S
P

DER GRÜNE MUSKELMACHER

Er gibt Kraft, hält jung, schützt die Augen und liefert wichtiges Eisen. Spinat macht groß und stark wie Popeye. Das Superfood ist gesund und ein echter Nährstoffprotz. Beim Zubereiten und Lagern zeigt es sich jedoch sensibel.

Das grüne Blattgemüse steht für Vitalität und Gesundheit. Wer denkt bei Spinat nicht gleich an Popeye, den Comic-Matrosen, der das Grünzeug als Wundermittel für seine Muskeln vertilgte? Wenn man Kindern sagt: „Spinat macht dich groß und stark", ist da tatsächlich etwas Wahres dran. Das Gemüse steckt nämlich voller wichtiger Inhaltsstoffe wie Folsäure, Antioxidantien (vor allem die Carotinoide Zeaxanthin sowie Lutein und Polyphenole) und Vitamin C. Außerdem stärkt das enthaltene Lutein die Sehkraft, beugt gegen Makuladegeneration (grauer Star) vor und schützt vor Nachtblindheit.

EXTREM EISENREICH? DAS IST NUR EIN MYTHOS

Spinat ist ein wichtiger Bestandteil einer ausgewogenen Ernährung. Auch wenn das Blattgemüse kein Eisenprotz ist, wie es ihm oft nachgesagt wird, enthält es das lebenswichtige Spurenelement in gesunden Mengen. Der Mythos vom extrem eisenreichen Spinat beruht möglicherweise auf einem Missverständnis, bei dem viel zu hohe Werte von getrocknetem und nicht von frischem Spinat genommen wurden. Mit 4,1 mg Eisen pro 100 g liegt das grüne Frühlingsgemüse trotzdem im Spitzenbereich der Eisenlieferanten.

WERTVOLLE ANTIOXIDANTIEN IM GRÜNEN BLATTGEMÜSE

Unter den Gemüsen gehört Spinat zu den besten Lieferanten von Magnesium. Dieser wichtige Mineralstoff ist an vielen Prozessen im Körper beteiligt. Fehlt es uns daran, kann das zu Muskelkrämpfen, Migräne, Kreislaufproblemen oder auch Müdigkeit führen. Magnesium kann aber noch mehr: Es spielt beim Energiestoffwechsel eine bedeutende Rolle und wird für gesunde Zähne ebenso wie für starke Knochen und Muskeln gebraucht. Zu wenig Magnesium kann Osteoporose und Diabetes begünstigen. Grüne Gemüsesorten wie Spinat enthalten zwar nicht so viel Magnesium wie Nüsse und Kerne – doch wir können mehr davon essen.

GESUNDHEITSTIPPS

- Schwangere nehmen mit Spinat Folsäure auf, die für das Wachstum des Babys wichtig ist (siehe Seite 112).
- Spinat hilft auf natürliche Weise gegen Sodbrennen.
- Wer Gicht hat, sollte Spinat besser meiden. Denn die im Spinat enthaltenen Purine können den Harnsäurespiegel im Blut in die Höhe treiben.

GRÜNES BLATTGEMÜSE

Zum grünen Blattgemüse gehören umgangssprachlich alle Pflanzenarten, bei denen man die Blätter oder blattartige Teile essen kann. Neben Spinat sind das unter anderem auch Brennnesseln, Salate, Kohlsorten wie Grünkohl, Löwenzahn, Mangold oder Portulak.

WERTVOLLE NÄHRSTOFFE GEHEN SCHNELL VERLOREN

Von September bis November werden Frühlings- und Sommerspinat mit zarten Blättern geerntet; von Ende März bis Mai kommt Spinat auf den Tisch, der im Herbst gesät wurde. Er hat kräftige, leicht gewellte Blätter. Leider verliert das Blattgemüse schnell seine wertvollen Nährstoffe. Es sollte deshalb möglichst rasch verzehrt oder blanchiert werden (dann hält Spinat eingefroren 1 Jahr). Spinat aus dem Tiefkühlfach ist übrigens keine schlechte Wahl, sondern oft sogar nährstoffreicher als frische Ware. Denn er wird sofort nach der Ernte schockgefrostet, während sich der Nährstoffgehalt sonst schon beim Transport vom Acker in den Supermarkt verringern kann. Ein weiterer Grund, warum man zarten Spinat am besten roh essen sollte: Die sauerstoffhaltigen Carotinoide wie Zeaxanthin und Lutein, die in dunkelgrünem Gemüse wie Spinat oder Grünkohl stecken, werden durch langes Kochen zerstört.

GRÜNER FITNESS-SMOOTHIE

Spinat und Gurke bestimmen die Farbe, Apfel und Orange sorgen für frische Süße. Treffen sie sich im Mixer, entsteht ein Gesundmacher voller Nähr- und Vitalstoffe.

Für 2 Gläser (à ca. 350 ml)
Zubereitungszeit: 15 Minuten

1 säuerlicher Apfel (z. B. Gravensteiner)
1 Orange
½ Banane
1 Mini-Salatgurke
50 g junger Spinat
1 EL Mandelmus
1 EL Zitronensaft
200 ml Mineralwasser ohne Kohlensäure

Nährwerte pro Portion: ca. 180 kcal, 4 g EW, 8 g F, 22 g KH, 4 g BST

+ Den Apfel waschen, vierteln, entkernen und in grobe Stücke schneiden. Die Orange schälen und in grobe Stücke schneiden. Die Banane schälen und in Scheiben schneiden. Die Gurke waschen, 2 Scheiben abschneiden und zum Garnieren beiseitelegen, den Rest grob würfeln. Den Spinat verlesen, waschen und trocken schütteln.

+ Apfel, Orange, Banane, Gurke und Spinat in den Mixer füllen. Mandelmus, Zitronensaft und Mineralwasser hinzufügen. Alles erst auf kleiner Stufe, dann auf höchster Stufe fein pürieren. Nach Belieben den Smoothie mit 1 EL Apfeldicksaft süßen – dazu diesen einfach kurz untermixen. Bei Bedarf noch etwas Wasser dazugeben, bis die gewünschte Konsistenz erreicht ist.

+ Den Fitness-Smoothie in Gläser füllen. Die beiseitegelegten Gurkenscheiben jeweils zur Hälfte einschneiden und an den Glasrand stecken. Den Smoothie – nach Belieben mit einem dicken Trinkhalm – sofort servieren.

Die Ernährungs-Docs
Das Mixen von rohen Blättern, Gemüse und Obst hat den Vorteil, dass alle wertvollen Inhaltsstoffe ohne gründliches Kauen freigesetzt und in den Stoffwechsel eingebaut werden können. Anders als beim Kochen bleiben die Vitalstoffe (z. B. Vitamine oder sekundäre Pflanzenstoffe) unverändert und naturbelassen. Ein weiteres Plus: Beim Mixen werden die unverdaulichen Zellulosewände der Pflanzen aufgebrochen – deshalb ist der Rohkost-Drink gut verdaulich.

GRÜNER SPARGEL-SPINAT-SALAT

Mit Spargel, Kirschtomaten und zartem Spinat sammelt man genussvoll Pluspunkte auf seinem Gesundkonto. Ein feines Ziegenkäsedressing sorgt für das gewisse Etwas.

Für 2 Personen
Zubereitungszeit: 25 Minuten

1 EL Pinienkerne
250 g grüner Spargel
100 g junger Spinat
100 g Kirschtomaten
2 EL Balsamico bianco
60 g Ziegenfrischkäse
3 EL kalt gepresstes Olivenöl
Salz, Pfeffer aus der Mühle

Nährwerte pro Portion: ca. 270 kcal, 8 g EW, 22 g F, 8 g KH, 3 g BST

+ Die Pinienkerne in einer Pfanne ohne Fett goldbraun rösten. Herausnehmen und abkühlen lassen.

+ Den Spargel waschen, im unteren Drittel schälen und die Enden abschneiden. Den Spargel nach Belieben längs halbieren, dann schräg in etwa 3 cm lange Stücke schneiden. Den Spinat verlesen, waschen und trocken schütteln. Die Tomaten waschen und halbieren.

+ Für das Dressing den Essig mit dem Ziegenfrischkäse, 2 EL lauwarmem Wasser und 2 EL Öl fein pürieren, mit Salz und Pfeffer abschmecken. In einer Pfanne das übrige Öl erhitzen. Den Spargel darin bei mittlerer Hitze 3 bis 4 Minuten unter Wenden braten, mit Salz und Pfeffer würzen.

+ Zum Servieren den Spinat auf Teller verteilen, den Spargel und die Tomaten daraufsetzen und alles mit dem Ziegenkäsedressing beträufeln. Zuletzt die Pinienkerne darauf verteilen. Dazu schmeckt Vollkornbaguette.

Die Ernährungs-Docs
Spinat gehört neben Grünkohl und Feldsalat zu den Top-Folsäurelieferanten. Bereiten Sie daraus am besten einen Salat zu, denn durch Kochen wird das Vitamin aus der B-Gruppe schnell zerstört. Mit 50 g rohem Spinat kann man bereits ein Viertel des Tagesbedarfs decken, Schwangere benötigen allerdings die doppelte Menge. Folsäure ist notwendig für den Aufbau von Eiweiß, roten Blutkörperchen und Genen und damit für Zellwachstum und -vermehrung.

SPINATPLÄTZCHEN MIT BLATTSALAT

In den saftigen Puffern stecken Quark, Haferflocken und Zitrone. Frische Salatblätter mit Joghurtdressing krönen die Kombi mit jeder Menge Vitamine.

Für 2 Personen
Zubereitungszeit: 30 Minuten

200 g junger Spinat
1 Zwiebel
1 Knoblauchzehe
2 EL raffiniertes Olivenöl
125 g Magerquark
1 Ei
50 g zarte Haferflocken
½ Bio-Zitrone
Salz, Pfeffer aus der Mühle
150 g gemischte Salatblätter (z. B. Chicorée, Feldsalat, Radicchio)
80 g griech. Joghurt (10 % Fett)
5 EL Milch (3,5 % Fett)

Nährwerte pro Portion: ca. 390 kcal, 20 g EW, 21 g F, 24 g KH, 6 g BST

+ Den Spinat verlesen, waschen und trocken schütteln. Zwiebel und Knoblauch schälen, fein würfeln und in einem Topf in 1 EL Öl 2 bis 3 Minuten dünsten. Spinat dazugeben und mit geschlossenem Deckel etwa 3 Minuten zusammenfallen lassen. Die Spinatmischung in ein Sieb geben, mit einem Löffel gut ausdrücken, dann grob hacken.

+ Quark, Ei, Spinat und Haferflocken in eine Schüssel geben. Zitrone heiß waschen, abtrocknen, 1 TL Schale fein abreiben und 2 EL Saft auspressen. Zitronenschale zum Spinat geben. Alles salzen, pfeffern und mischen. Mit angefeuchteten Händen aus der Masse 4 flache Bratlinge formen. Die Bratlinge in einer beschichteten Pfanne im übrigen Öl bei mittlerer Hitze auf jeder Seite etwa 5 Minuten braten. Herausnehmen und auf Küchenpapier abtropfen lassen.

+ Inzwischen den Salat putzen, waschen, trocken schütteln und in mundgerechte Stücke zupfen. Den Joghurt mit dem Zitronensaft und der Milch glatt rühren, salzen und pfeffern. Den Salat mit dem Joghurtdressing mischen und mit den Spinatplätzchen auf Tellern anrichten.

Die Ernährungs-Docs
Wer zu Oxalsäuresteinen in den Nieren neigt, sollte statt Spinat besser Brennnesseln, Löwenzahn oder Feldsalat verwenden. Denn das grüne Blattgemüse enthält – ähnlich wie Mangold, Rhabarber, Rote Bete oder Schwarztee – sehr viel Oxalsäure. Die kann einzelne Mineralstoffe, vor allem Kalzium (aus Milch und Milchprodukten), fest an sich binden und so Nierensteine begünstigen. Wenn Sie Spinat dagegen mit Milchprodukten kombinieren, wird die Oxalsäure bereits im Darm gebunden und kann gar nicht in den Stoffwechsel gelangen.

SPINAT-TOMATEN-LASAGNE

Der beliebte Pasta-Hit ist fix gestapelt – dank tiefgekühltem Spinat und Teigblättern, die man nicht vorkochen muss. Schmeckt übrigens auch wunderbar mit Mangold.

Für 2 Personen
Zubereitungszeit: 30 Minuten
Garen: 40 Minuten

400 g tiefgekühlter Blattspinat
1 kleine rote Zwiebel
1 Knoblauchzehe
1 Möhre, 1 Stange Staudensellerie
2 EL raffiniertes Olivenöl
1 TL getrockneter Oregano
1 TL Tomatenmark
1 Dose stückige Tomaten (400 g)
50 ml Gemüsebrühe
Salz, Pfeffer aus der Mühle
125 g Mozzarella light (mind. 20 % Fett i. Tr.)
6 Vollkorn-Lasagneblätter (ca. 110 g)
1 Tomate
30 g geriebener Parmesan
einige Basilikumblätter
Fett für die Form

Nährwerte pro Portion: ca. 560 kcal, 29 g EW, 25 g F, 46 g KH, 15 g BST

+ Den Spinat in einem Sieb auftauen lassen. Zwiebel und Knoblauch schälen und getrennt fein würfeln. Die Möhre putzen, schälen und fein würfeln. Den Sellerie putzen, waschen und ebenfalls fein würfeln.

+ Die Zwiebel in einem Topf in 1 EL Öl bei mittlerer Hitze andünsten. Möhre, Sellerie, Knoblauch und Oregano hinzufügen und etwa 3 Minuten braten. Das Tomatenmark einrühren und kurz mitrösten. Dann Tomatenstücke und Brühe dazugeben, alles offen bei mittlerer Hitze etwa 20 Minuten sämig garen. Dabei ab und zu umrühren, salzen und pfeffern.

+ Den Backofen auf 200 °C vorheizen. Eine Auflaufform (ca. 20 x 25 cm) einfetten. Den Spinat im Sieb mit einem Löffel gut ausdrücken, salzen und pfeffern. Den Mozzarella abtropfen lassen und in dünne Scheiben schneiden.

+ Erst 3 Lasagneblätter in die Form legen, die Hälfte der Tomatensauce daraufgeben und mit je der Hälfte von Spinat und Mozzarella belegen. Dann die restlichen Lasagneblätter daraufsetzen und die restliche Tomatensauce, den übrigen Spinat und den übrigen Mozzarella darüberschichten.

+ Die Tomate waschen und in Scheiben schneiden, dabei den Stielansatz entfernen. Die Lasagne mit den Tomatenscheiben belegen, mit Käse bestreuen und mit übrigem Öl beträufeln. Im Ofen auf der mittleren Schiene etwa 40 Minuten goldbraun backen. Die Lasagne herausnehmen und vor dem Servieren noch etwa 10 Minuten ruhen lassen, dann mit Basilikum garniert servieren.

SEELACHS AUF ZITRONEN-RAHMSPINAT

Ein guter Fang für Fischfreunde – mit Seelachs, jungem Spinat und Sahne für den Blubb. Das Beste: Man kann damit abnehmen und reichlich Jod und Magnesium tanken.

Für 2 Personen
Zubereitungszeit: 40 Minuten

400 g Seelachsfilet
Salz, Pfeffer aus der Mühle
2 Tomaten
400 g junger Spinat
1 Bio-Zitrone
2 Schalotten
1 Knoblauchzehe
1 EL raffiniertes Olivenöl
1 TL Vollkorndinkelmehl
150 g Kochsahne (15 % Fett)
frisch geriebene Muskatnuss

Nährwerte pro Portion: ca. 440 kcal, 47 g EW, 23 g F, 9 g KH, 5 g BST

+ Den Fisch waschen, trocken tupfen und auf jeder Seite salzen und pfeffern. Die Tomaten waschen und quer in Scheiben schneiden, dabei die Stielansätze entfernen.

+ Spinat verlesen, waschen und trocken schütteln. Zitrone heiß waschen und abtrocknen, die Schale fein abreiben und 3 TL Saft auspressen. Schalotten und Knoblauch schälen und fein würfeln, in einer Pfanne im Öl bei mittlerer Hitze andünsten. Das Mehl darüberstäuben und kurz andünsten. Sahne dazugießen, aufkochen und offen bei mittlerer Hitze etwa 5 Minuten einkochen lassen. Alles mit Salz, Pfeffer und Zitronensaft würzen. Den Spinat dazugeben und mit geschlossenem Deckel etwa 2 Minuten zusammenfallen lassen. Mit 1 TL Zitronenschale und Muskatnuss würzen.

+ Fisch auf den Spinat setzen, mit Tomaten belegen und mit übriger Zitronenschale bestreuen. Dann mit geschlossenem Deckel bei milder Hitze 6 bis 8 Minuten gar ziehen lassen, sofort servieren. Dazu schmecken Pellkartoffeln.

Die Ernährungs-Docs
Spinat hat einen hohen Nitratgehalt, das ist aber kein Grund, auf das Blattgemüse zu verzichten. Denn dass Nitrat im Körper oder bei der Zubereitung zu Nitrit und anschließend in gesundheitsschädliche Nitrosamine umgewandelt werden kann, stimmt nicht. Im Gegenteil: Der wasserlöslichen Verbindung aus Stickstoff und Wasserstoff werden gesundheitsfördernde Wirkungen zugeschrieben: Nitrat senkt den Blutdruck, sorgt für eine gesunde Verdauung und fördert die Durchblutung.

SPINATOMELETT MIT RUCOLASALAT

Gesundes Grünzeug im Duett: Das würzige Omelett ist ein Klassiker der schnellen After-Work-Küche und hat in dem Vitamin-C-reichen Salat den perfekten Begleiter gefunden.

Für 2 Personen
Zubereitungszeit: 30 Minuten
(plus Auftauzeit)

200 g tiefgekühlter Blattspinat
80 g Rucola
100 g Kirschtomaten
2 EL Zitronensaft
Salz, Pfeffer aus der Mühle
3 EL kalt gepresstes Olivenöl
1 Zwiebel
1 Knoblauchzehe
½ Bund Schnittlauch
50 g Bergkäse (am Stück)
5 Eier
4 EL Milch
frisch geriebene Muskatnuss

Nährwerte pro Portion: ca. 510 kcal, 31 g EW, 38 g F, 8 g KH, 4 g BST

+ Den Spinat in einem Sieb auftauen lassen. Den Rucola verlesen, waschen und trocken schütteln. Tomaten waschen und halbieren. Für das Dressing Zitronensaft mit Salz, Pfeffer und 2 EL Öl verrühren. Die Zwiebel schälen, halbieren und in feine Streifen schneiden. Den Knoblauch schälen und fein würfeln. Den Schnittlauch waschen, trocken tupfen und in Röllchen schneiden. Den Käse grob raspeln. Den aufgetauten Spinat im Sieb mit einem Löffel ausdrücken und grob hacken. Die Eier mit der Milch verquirlen, mit Salz, Pfeffer und Muskatnuss würzen. Den Schnittlauch unterrühren.

+ Zwiebel und Knoblauch in einer beschichteten Pfanne im übrigen Öl bei milder Hitze etwa 5 Minuten andünsten. Den Spinat dazugeben und etwa 4 Minuten mitdünsten, salzen und pfeffern. Die Eiermischung über den Spinat gießen und das Omelett etwa 2 Minuten stocken lassen. Mit Käse bestreuen und mit geschlossenem Deckel bei mittlerer Hitze noch 3 bis 5 Minuten garen, bis das Ei gestockt ist.

+ Zum Servieren Rucola und Tomaten mit dem Dressing mischen. Das Omelett zusammenklappen, halbieren und auf Teller setzen. Mit dem Rucolasalat anrichten.

Die Ernährungs-Docs
Rucola gehört zu den gesündesten Küchenkräutern. Als Mitglied der Kohlfamilie liefert das Blattgemüse reichlich Vitamin C, das die Abwehrkräfte unterstützt. Seine scharfen Senföle regen die Durchblutung an und wirken gegen Harn- und Atemwegsinfekte. Außerdem gelten sie als natürliches Antibiotikum, weil sie Bakterien und Viren am Wachstum hindern. Die Bitterstoffe in Rucola unterstützen den Gallenfluss und helfen so bei der Verdauung.

SAMTIGE SCHMEICHLER

Gesunde Ernährung muss nicht immer herzhaft sein. Es gibt auch süße Superfoods mit Heilwirkung. Hätten Sie gedacht, dass Zimt als Fatburner wirkt, Schokolade gut für die Gefäße ist und Vanille die Lust fördert? Es darf genascht werden – zumindest in Maßen.

STIMMUNGSMACHER

Zimt? Da denken wir an leckeres Adventsgebäck und Glühwein auf dem Weihnachtsmarkt. Die wenigsten wissen, dass Zimt ein uraltes Heilgewürz ist und heute auch im Ruf steht, ein Schlankmacher zu sein. Zimt soll günstig auf den Blutzucker- und Cholesterinspiegel wirken und Appetit und Stoffwechsel ankurbeln. Und allein sein Duft kann uns laut Studien in gute Stimmung versetzen und die Gehirnleistung verbessern. Achten Sie beim Einkauf auf Qualität: Bei uns gibt es Cassia- und Ceylon-Zimt. Kaufen Sie am besten Ceylon-Zimt im Asialaden, Feinkostgeschäft oder Reformhaus. Er ist zwar teurer, dafür aber auch edler, aromatischer und gesünder als Cassia-Zimt (siehe unten).

Apfel-Zimt-Essig

Für 1 Flasche (ca. 500 ml): 250 ml Apfelessig mit 2 EL Honig, 3 Zimtstangen und 3 Zweigen Thymian in einem kleinen Topf aufkochen, dann abkühlen lassen. Noch 250 ml Apfelessig unterrühren. Die gewaschene Schale von 2 Äpfeln und 1 Streifen Bio-Zitronenschale mit dem Essig-Mix in eine Flasche geben und diese verschließen. 1 Woche ziehen lassen. Fein zu kräftigen Blattsalaten und Geflügelgerichten mit Apfel.

VORSICHT VOR ZU VIEL

Vor allem Cassia-Zimt enthält den natürlichen Duft- und Aromastoff Cumarin (auch in Waldmeister und Tonkabohne), der überdosiert Leberprobleme verursachen kann. Mehr als ½ TL pro Tag sollten Sie nicht zu sich nehmen. Auch Schwangere, Kleinkinder und Pollenallergiker dürfen nur sehr wenig Zimt essen.

GESUNDHEITSTIPPS

- Zimttee hilft bei Erkältung, Verdauungs- und Wechseljahresbeschwerden. Dafür 1 Zimtstange 10 Minuten in heißem Wasser ziehen lassen und warm vor der Mahlzeit trinken.
- Nach dem Sport hilft Zimtpulver gegen lästigen Muskelkater.

SÜSSER SEELENTRÖSTER

Zu schön, um wahr zu sein? Keineswegs, auch Schokolade hat ihre Berechtigung als Superfood. **Dunkle Bitterschokolade** können Sie ohne schlechtes Gewissen naschen. Denn sie tut nicht nur der Seele, sondern auch dem Körper gut. Sie stärkt das Herz-Kreislauf-System und fördert die Durchblutung. Das Gesundgeheimnis ist der enthaltene Kakao, in dem Catechine (Flavonoide) stecken, die die Gefäße erweitern und den Blutdruck senken. Am besten ist deshalb Bitterschokolade mit einem hohen Kakaoanteil (mindestens 70 Prozent), der besonders viele Catechine enthält. Diese sekundären Pflanzenstoffe stärken die Abwehr und beugen gegen Entzündungen vor. Faustregel: Je höher der Kakaoanteil, desto gesünder ist die Schokolade. Ein weiterer Vorteil besteht darin, dass dunkle Schokolade den Blutzuckerspiegel nicht so schnell erhöht wie die süße Vollmilchvariante. Natürlich gilt auch hier: Naschen Sie in Maßen.

HEILEND UND SEXY

Echte Vanille zählt zu den teuersten Gewürzen der Welt. Denn die Königin der Gewürze wirkt als Aphrodisiakum ebenso wie gegen Blähungen oder Depressionen, sie kann Entzündungen hemmen und eventuell sogar Krebs aufhalten. Die Schoten bestehen aus einer Hülle und schwarzem Mark, das man ausgekratzt zum Aromatisieren von Süßspeisen, weißem Fleisch oder Fisch nutzt. Vanillin heißt dabei der Aromastoff der Vanille, bei dem es sich um ein Phenol handelt. Wichtig: Das, was wir aus Gebäck oder Vanillepudding kennen, ist meistens nur künstlicher Vanillinzucker, der keine heilende Wirkung hat. Im Gegenteil. Zucker soll in großen Mengen sogar Krebs auslösen und zellschädigend sein.

GESUNDHEITSTIPPS

- **Ein Kräutertee mit Vanillearoma am Abend erleichtert das Einschlafen.**
- **Um chronische Kopfschmerzen zu lindern, trinken Sie ein paar Tage lang jeden Abend 1 TL eines Mixes aus 250 ml Wasser mit reinem Vanilleextrakt (aus der Backwarenabteilung).**

Gedörrte Vanille-Tomaten

Für 1 Glas (ca. 300 ml): 500 g Kirschtomaten waschen und halbieren, mit dem Mark von 1 Vanilleschote, 1 ½ TL Salz und 1 TL abgeriebener Bio-Limettenschale mischen. Tomaten mit Schnittfläche nach oben auf ein mit Backpapier belegtes Blech legen. Im Ofen erst bei 150 °C (Umluft 130 °C) 1 Stunde, dann bei 120 °C (Umluft 100 °C) 5 Stunden trocknen. Halten sich kühl gelagert 2 Wochen. Peppen Salate und Suppen auf.

GÖTTERFRÜCHTE FÜR KÖRPER UND GEIST

Harte Schale, weicher Kern: Nüsse sind nährstoffreiche und knackige Kraftpakete, die vorbeugend gegen Zivilisationskrankheiten wirken können. Sie stehen schneller als Fast Food auf dem Tisch und halten nicht nur den Körper, sondern auch den Kopf fit.

Zum Glück sind die Zeiten vorbei, in denen Nüsse als Dickmacher verteufelt wurden. Wal- und andere Nüsse sind zwar kalorienreich, bewirken dabei aber so viel Gutes, dass man dies einfach mal vergessen darf, solange die Menge, die man verzehrt, überschaubar bleibt. Optimal ist 1 Handvoll Walnüsse (20 bis 30 Gramm) täglich. Die Nuss, die wie ein kleines Gehirn aussieht, enthält die günstigen mehrfach ungesättigten Omega-3- und Omega-6-Fettsäuren in einer optimalen Kombination für den Stoffwechsel – wie sie sonst bei keiner Nuss vorkommt. Vor allem der Omega-3-Vertreter Alpha-Linolensäure hilft unter anderem dabei, den Cholesterinspiegel im Blut auf gesundem Niveau zu halten.

BESSER KONZENTRIERT UND WENIGER NERVÖS

Das in Walnüssen reich enthaltene Vitamin B_6 macht den Kopf fit und hilft, dass wir uns besser konzentrieren können, nicht so schnell nervös und müde werden. Omega-3-Fettsäuren und Kalium regulieren die Stresshormone Cortisol und Adrenalin und machen die Nüsse zum Stresskiller und Nervenfutter. Ein Plus für Vegetarier: Nüsse sind ein guter Fleischersatz und eine Alternative zu Milchprodukten, denn sie enthalten viel Eiweiß und reichlich Ballaststoffe. Am besten essen Sie Nüsse ungeröstet, ungesalzen, ungezuckert und mit brauner Haut. Bio-Walnüsse sind weniger schadstoffbelastet als andere, denn Pestizide sind beim Anbau von Bio-Nüssen tabu.

WALNÜSSE MACHEN DIE BLUTGEFÄSSE ELASTISCHER

Einer Studie der Harvard-Universität zufolge können wir mit mäßigem, aber regelmäßigem Nüssenaschen das Risiko für Herz-Kreislauf-Erkrankungen und Bluthochdruck senken, weil die Blutgefäße dadurch elastischer werden. Mit ihrem hohen Zinkanteil stärken Walnüsse das Immunsystem, zahlreiche andere Vitamine und Spurenelemente halten uns körperlich gesund. Die wertvollen sekundären Pflanzenstoffe (wie etwa Phytosterine), die in Walnüssen stecken, können möglicherweise vor Krebs schützen.

NUSSVIELFALT

Mit Pistazienkernen und Mandeln bilden Walnüsse ein Powertrio, das äußerst hochwertige Fettsäuren enthält und uns lange satt macht.

WALNUSSKERNE

Nährwerte pro 100 g
Kalorien: 723 kcal
Eiweiß: 16,1 g
Kohlenhydrate: 6 g
Fett: 70,6 g
Ballaststoffe: 4,6 g

WUSSTEN SIE, DASS ...

... Walnüsse zum sogenannten Schalenobst gehören?

... ein Walnussbaum im Durchschnitt 150 Jahre alt wird und unter günstigen Bedingungen sogar 300 Jahre werden kann?

... jeder Deutsche im Schnitt 1,1 Kilo Nüsse im Jahr vertilgt?

WALNÜSSE MÖGEN ES TROCKEN UND DUNKEL

Die „Götterfrüchte" werden bei uns von September bis Oktober geerntet. Walnüsse sind mehrere Monate haltbar, wenn sie luftig, kühl, dunkel und trocken in einem Netz liegen. Einmal geknackt oder bereits ohne Schale als Walnusskerne gekauft halten sie nur eine begrenzte Zeit, am besten im Kühlschrank. Da sie dort schnell andere Gerüche annehmen, sollten sie luftdicht verpackt sein. Ist die Tüte einmal geöffnet, am besten möglichst schnell aufbrauchen oder wieder verschließen (meist haben die Tüten entsprechende Verschlüsse). Wer weniger isst, kann die Nüsse auch einfrieren. Muffig riechende Nüsse sollten Sie lieber entsorgen.

GESUNDHEITSTIPPS

- **Ein Tee aus frischen oder getrockneten Walnussblättern wirkt bei Haut- sowie Magen- und Darmerkrankungen lindernd, da die darin enthaltenen Gerbstoffe entzündungshemmend sind. Sie können dafür auch geschnittene Walnussblätter kaufen.**

- **Walnüsse können unsere Darmflora positiv beeinflussen. Regelmäßig verzehrt verbessern sie die Zusammensetzung der Bakterien unseres Mikrobioms (siehe Seite 126).**

WALNUSS-VOLLKORN-BRÖTCHEN

Viel Geschmack, Ballaststoffe, B-Vitamine und gesunde Fette: Diese Brötchen sorgen für gute Laune am Morgen und einen fitten Start in den Tag.

Für 12 Stück
Zubereitungszeit: 30 Minuten
Gehen: 1 Stunde 10 Minuten
Backen: 25 Minuten

200 g Walnusskerne
350 g Vollkorndinkelmehl
150 g Dinkelmehl (Type 1050)
¼ TL Salz
1 TL gemahlener Koriander
30 g frische Hefe
1 TL flüssiger Honig
2 EL Walnussöl
1 Eigelb
2 EL Milch
Dinkelmehl zum Arbeiten

Nährwerte pro Stück: ca. 300 kcal, 9 g EW, 15 g F, 29 g KH, 4 g BST

+ 12 schöne Walnusshälften beiseitelegen, den Rest grob hacken und in einer Pfanne ohne Fett bei mittlerer Hitze leicht anrösten. Herausnehmen und abkühlen lassen.

+ Beide Mehlsorten, Salz und Koriander mischen. In die Mitte eine Mulde drücken, Hefe hineinbröckeln und Honig hinzufügen. 100 ml lauwarmes Wasser dazugießen und die Hefe damit verrühren. Vorteig zugedeckt an einem warmen Ort etwa 10 Minuten gehen lassen. Dann gehackte Nüsse und Öl auf den Mehlrand geben. 200 ml lauwarmes Wasser dazugießen und alles von der Mitte aus mit den Knethaken des Handrührgeräts zu einem glatten Teig verarbeiten. Zur Kugel formen und zugedeckt etwa 1 Stunde gehen lassen.

+ Backofen auf 200 °C vorheizen. Ein Backblech mit Backpapier belegen. Teig auf der bemehlten Arbeitsfläche nochmals durchkneten und zu einer Rolle formen. In 12 Stücke schneiden, jedes Stück zu einer Kugel formen und über Kreuz einschneiden. Die Brötchen nebeneinander auf das Blech legen. Das Eigelb mit Milch verrühren, die Brötchen damit bestreichen und mit je 1 beiseitegelegten Walnuss belegen. Im Ofen auf der 2. Schiene von unten etwa 25 Minuten hellbraun backen. Vor dem Servieren abkühlen lassen.

Die Ernährungs-Docs

Gesundheit beginnt im Darm: Je stabiler der Verdauungstrakt, umso weniger sind wir anfällig für Krankheiten. Wer regelmäßig Walnüsse verzehrt, kann die Zusammensetzung und Vielfalt seiner Bakterien im Darm (Mikrobiom) positiv beeinflussen und die Verdauung verbessern. Das ergab eine aktuelle Studie der Universität München.

WALDORFSALAT MIT PASTINAKEN

Der Salatklassiker als Vitalbombe: Der Chicorée regt mit seinen Bitterstoffen Verdauung und Stoffwechsel an, die Nüsse sind „Kraftfutter“ für Herz, Kreislauf und Nerven.

Für 2 Personen
Zubereitungszeit: 20 Minuten

150 g griech. Joghurt (10 % Fett)
4 EL Zitronensaft
Salz, Pfeffer aus der Mühle
1 Pastinake (ca. 100 g)
1 große Möhre
1 säuerlicher Apfel (ca. 150 g; z. B. Cox Orange oder Braeburn)
1 roter Chicorée (ersatzweise Radicchio)
40 g Walnusskerne

Nährwerte pro Portion: ca. 330 kcal, 7 g EW, 22 g F, 23 g KH, 5 g BST

+ Für das Dressing den Joghurt mit 3 EL Zitronensaft, Salz und Pfeffer in einer Salatschüssel verrühren.

+ Die Pastinake und die Möhre putzen, schälen und auf der Gemüsereibe grob raspeln. Den Apfel waschen, vierteln und entkernen. Die Viertel längs halbieren und quer in dünne Scheiben schneiden. Sofort mit dem übrigen Zitronensaft beträufeln, damit sie sich nicht bräunlich verfärben.

+ Pastinake, Möhre und Apfel zum Dressing geben und gründlich untermischen, den Salat nochmals abschmecken.

+ Den Chicorée waschen, längs halbieren, den Strunk herausschneiden und die Hälften in etwa 1 cm breite Streifen schneiden. Den Chicorée unter den Salat mischen. Die Walnüsse grob hacken. Den Salat auf Schalen oder Teller verteilen und mit den Nüssen bestreuen.

Die Ernährungs-Docs

Die Bitterstoffe in Salaten wie Chicorée, Radicchio und Endivie pushen unsere Gesundheit! Sobald unsere Zunge den Geschmack „bitter“ wahrnimmt, wird die gesamte Verdauung angeregt, um die Nahrung zu zerkleinern: die Ausschüttung von Magensaft und die Produktion von Gallenflüssigkeit und Bauchspeicheldrüsensekret. Im Darm fördern Bitterstoffe die Peristaltik (Darmbewegung). Der positive Effekt: Geht es dem Verdauungssystem gut, profitieren auch unsere Abwehrkräfte und das körpereigene Immunsystem.

AUBERGINEN MIT WALNUSSPASTE

Sommerlicher Superfood-Snack: Gegrillte Auberginen werden hier mit pürierten Walnüssen gefüllt und gewürzt. Koriander, Chili und Zimt setzen orientalische Akzente.

Für 2 Personen
Zubereitungszeit: 35 Minuten
Quellen: 4 Stunden (über Nacht)
Ziehen: 20 Minuten

1 Aubergine (ca. 300 g)
Salz
2–3 EL raffiniertes Olivenöl
50 g Walnusskerne
(4 Stunden oder über Nacht in warmem Wasser eingeweicht und abgetropft)
½ TL gemahlener Koriander
¼ TL Chiliflocken (Pul biber)
1 Msp. Zimtpulver
5 EL glutenfreie Gemüsebrühe
3 Stiele Koriandergrün

Nährwerte pro Portion: ca. 330 kcal, 6 g EW, 31 g F, 5 g KH, 3 g BST

+ Aubergine putzen, waschen und quer in etwa 1 cm dicke Scheiben schneiden. Mit Salz bestreut etwa 20 Minuten Wasser ziehen lassen. Backofengrill einschalten. Ein Backblech einfetten. Die Auberginenscheiben mit Küchenpapier trocken tupfen, nebeneinander auf das Blech legen und die Schnittflächen mit Öl bestreichen. Unter dem Backofengrill auf der mittleren Schiene 8 bis 10 Minuten goldbraun grillen, dabei nach der Hälfte der Zeit wenden. Das Blech herausnehmen, die Auberginenscheiben darauf abkühlen lassen.

+ Inzwischen die Nüsse grob hacken. Mit Koriander, Chili, Zimt, Salz und Brühe im Mixer so lange fein pürieren, bis eine cremige Paste entstanden ist, ggf. 1 bis 2 EL Wasser untermixen. Auberginenscheiben mit je 1 TL Walnusspaste bestreichen, zusammenklappen und auf eine Platte setzen.

+ Zum Servieren das Koriandergrün waschen, trocken tupfen, die Blätter abzupfen und grob hacken. Wer will, kann noch 2 ½ EL Granatapfelkerne auslösen: Dazu den Granatapfel halbieren, Kerne mit einem Löffel über einer Schüssel herauslösen (Vorsicht, das spritzt!). Die gefüllten Auberginen auf der Platte mit Koriander und nach Belieben mit den Granatapfelkernen bestreuen.

Die Ernährungs-Docs

Wer viele Nüsse isst, sollte diese vor dem Verwenden mehrere Stunden in warmem Wasser einweichen. Denn in Nüssen, Kernen und Samen stecken Enzymhemmer, die sie am Keimen hindern sollen, aber auch wichtige Nährstoffe binden. Die Enzyme werden beim Einweichen ausgeschaltet, sodass der Körper die wertvollen Nährstoffe vollständig aufnehmen kann.

WALNUSS-ROSENKOHL-BRATKARTOFFELN

Deftiger Immun-Booster: Gebratene Kartoffeln und Rosenkohl bilden die sättigende Basis, Walnüsse und Meerrettich veredeln die Superfood-Mahlzeit.

Für 2 Personen
Zubereitungszeit: 25 Minuten

400 g kleine festkochende Kartoffeln
Salz
500 g Rosenkohl
50 g Walnusskerne
2 EL raffiniertes Olivenöl
2 TL Butter
½ Bund Petersilie
40 g frischer Meerrettich
Pfeffer aus der Mühle

Nährwerte pro Portion: ca. 550 kcal, 17 g EW, 32 g F, 41 g KH, 13 g BST

+ Die Kartoffeln unter fließend kaltem Wasser abbürsten und samt Schale in Salzwasser 20 bis 25 Minuten gerade weich garen. Dann abgießen und ausdampfen lassen.

+ Inzwischen den Rosenkohl putzen, die äußeren Blätter entfernen. Den Rosenkohl waschen und den Strunk jeweils kreuzweise einschneiden, große Röschen halbieren. Den Rosenkohl in kochendem Salzwasser 8 bis 10 Minuten garen, abgießen und gut abtropfen lassen. Nüsse grob hacken.

+ Die Kartoffeln in einer großen Pfanne in Öl und Butter bei mittlerer Hitze unter Wenden 6 bis 7 Minuten rundum knusprig braten. Rosenkohl und Nüsse dazugeben und etwa 5 Minuten mitbraten. Inzwischen die Petersilie waschen, trocken tupfen, Blätter abzupfen und fein hacken. Den Meerrettich schälen und auf der Gemüsereibe in feine Streifen raspeln (dabei am besten eine Schutzbrille tragen).

+ Zum Servieren die Kartoffelpfanne mit Salz und Pfeffer würzen, mit Petersilie und Meerrettich bestreuen.

Die Ernährungs-Docs
Rosenkohl enthält so viel Vitamin C wie kaum ein anderes Gemüse – schon 100 g decken mit rund 115 mg mehr als den Tagesbedarf und schützen im Winter vor Erkältung. Allerdings geht beim Kochen etwa die Hälfte des Vitamin-C-Gehalts verloren. Gut, dass hier mit frisch geriebenem Meerrettich gewürzt wird: Pro Esslöffel liefert er so viel Vitamin C wie 1 Zitrone.

VANILLE-SAUERRAHMEIS MIT KARAMELL-WALNÜSSEN

Cremiges Eis mit knusprigen Nüssen ist einfach zum Dahinschmelzen! Orangen und Grapefruits bringen Frische und reichlich Vitamin C ins Spiel.

Für 6 Personen
Zubereitungszeit: 35 Minuten (plus Abkühlzeit)
Gefrieren: 40 Minuten
Marinieren: 20 Minuten

90 g flüssiger Honig
60 g Walnusskerne
200 g saure Sahne (10 % Fett)
Mark von 1 Vanilleschote
125 g Sahne
3 Orangen
3 rosa Grapefruits

Nährwerte pro Portion: ca. 300 kcal, 4 g EW, 20 g F, 23 g KH, 2 g BST

+ Ein Arbeitsbrett mit Backpapier belegen. In einem Topf 40 g Honig mit 2 EL Wasser verrühren. Die Walnüsse grob hacken, dazugeben und bei starker Hitze unter Rühren etwa 5 Minuten rösten, bis das Wasser vollständig eingekocht ist. Unter Rühren weiterrösten, bis der Honig karamellisiert. Die Nüsse auf dem Arbeitsbrett verteilen und abkühlen lassen.

+ Saure Sahne, 30 g Honig und Vanille verrühren. Honignüsse grob hacken und unterrühren. Sahne steif schlagen und unter die Sauerrahm-Nuss-Mischung ziehen. Masse in der Eismaschine in etwa 40 Minuten gefrieren lassen. (Alternativ in Schalen etwa 4 Stunden ins Gefrierfach stellen.)

+ Währenddessen Orangen und Grapefruits so großzügig schälen, dass auch die weiße Haut mit entfernt wird. Filets zwischen den einzelnen Trennhäuten herausschneiden, den Saft auffangen und die Reste gut ausdrücken. 125 ml Zitrussaft mit übrigem Honig verrühren, mit Zitrusfilets mischen und 20 Minuten durchziehen lassen. Zum Servieren auf Teller verteilen und Eiskugeln daraufsetzen. (Alternativ die Nüsse nicht in das Eis geben, sondern darüberstreuen.)

Die Ernährungs-Docs
Honig ist Naturmedizin, Süßungsmittel und Nährstoffquelle in einem. Er besteht vor allem aus Zucker, aber in einer gut verträglichen Kombi aus Frucht-, Trauben- und Malzzucker. Außerdem enthält er Eiweiß, Mineralstoffe, Vitamine (C und B) sowie Enzyme, die den Stoffwechsel und das Immunsystem stärken und Entzündungen hemmen.

POWERGEMÜSE AUS DEM KELLER

Entgifter, Abwehrspieler, Bakterienbekämpfer – der Weißkohl und seine Brüder aus der Kohlfamilie sind wahre Gesundmacher. Das unterschätzte Gemüse lässt sich lange lagern und ist als Vitaminspritze immer einsatzbereit. Es muss nur wach geküsst werden.

Wir kennen Weißkohl vor allem als Sauerkraut, im Eintopf oder Auflauf, in Kohlrouladen, Krautsalat oder als Zutat zum Döner. Das Powerkraut ist ein echter Schatz und gilt zu Recht als „Medizin des kleinen Mannes". Das preiswerte Superfood rettet uns im Winter, wenn andere Vitaminlieferanten aus der Region nicht mehr verfügbar sind. Denn Weißkohl hält im kühlen Keller mehrere Monate, ohne dabei seine Kraft als Gesundmacher zu verlieren. Obwohl er bei uns vor allem als Wintergemüse geschätzt wird, hat er das ganze Jahr Saison. Im Frühjahr schmeckt er nur etwas milder und ist mit einer Lagerzeit von 2 Wochen im Kühlschrank nicht so lange haltbar wie die Herbstsorten.

DEN KOHL UNVERSEHRT ALS GANZEN KOPF KAUFEN

Kaufen Sie Weißkohl möglichst immer als ganzen Kopf und nicht zerlegt in Folie. Vor dem Zubereiten ziehen Sie die äußeren Blätter ab, teilen oder vierteln den Kopf und schneiden den harten Strunk in der Mitte heraus. Da die Blätter gut von außen schützen, muss der Kohl nicht gewaschen werden. Tipp: Wenn Sie den Kohlkopf nicht ganz verwenden können, schneiden Sie ihn nicht durch, sondern trennen Sie die äußeren Blätter ab. So bleibt er innen unversehrt und verliert weder Frische noch Aroma. Übrigens: Das Powergemüse schmeckt auch roh. Dafür wird der Weißkohl fein geraspelt und passt dann besonders gut zu Äpfeln und etwas Speck. Auch geschmort aus dem Ofen oder im Wok gebraten machen sich die Blätter gut als Beilage.

WEISSKOHL STÄRKT DIE ABWEHR UND HÄLT DAS HERZ GESUND

Mit 100 Gramm können Sie bereits die Hälfte Ihres Tagesbedarfs an Vitamin C decken. Weißkohl stärkt die Abwehrkräfte und regt die Verdauung an. Das darin enthaltene Kalium hält das Herz gesund. Seine Ballaststoffe helfen beim Abnehmen und können den Cholesterin- und Blutzuckerspiegel senken. Zusätzlich zu Vitaminen und Mineralstoffen stecken auch sogenannte Glucosinolate im Kohl, die beim Abtransport von Giftstoffen helfen.

DIE KOHLFAMILIE

Zur Kohlfamilie gehören auch Blumenkohl, Brokkoli (siehe Seite 40), Chinakohl, Grünkohl, Kohlrabi, Pak Choi, Romanesco, Rosenkohl, Rotkohl, Spitzkohl, Wirsing. Dabei sticht der Rotkohl mit seiner knalligen Farbe heraus. Er glänzt mit einem vergleichsweise hohen Vitamin-K-Gehalt, der die Knochenbildung aktiviert und für die Blutgerinnung besonders wichtig ist.

SUPERFOOD SAUERKRAUT

Eine sehr beliebte Weißkohlvariante ist das Sauerkraut, das zu den besten einheimischen Naturarzneien gehört. Vor allem die Milchsäurebakterien, die in dem Superkraut enthalten sind, haben eine positive Wirkung auf die Darmflora. Sie stärken die Barrierefunktion des Darms und halten Krankheitserreger fern. Die Mikroorganismen kommen nicht nur im Sauerkraut vor, sondern auch in milchsauren Produkten wie Joghurt, Kefir oder Buttermilch. Wer das Kraut pur nicht verträgt, würzt mit Kümmel nach. Um möglichst viele Vitamine zu bekommen, sollten Sie Bio-Sauerkraut kaufen.

GESUNDHEITSTIPPS

- Wickel aus Weißkohl oder anderen Kohlsorten lindern Schmerzen in den Gelenken und bei Prellungen. Dafür die Blätter blanchieren oder mit einer Glasflasche so lange ausrollen, bis der Saft austritt. Dann die Blätter mit Bandagen um die betroffenen Gelenke wickeln und über Nacht tragen.

- Viel Weißkohl sorgt für weniger Falten. Die enthaltenen Antioxidantien können den Alterungsprozess der Haut hinauszögern.

- Bei Kopfschmerzen helfen Kompressen. Zerdrücken Sie einige Kohlblätter und verpacken sie in ein Tuch, das Sie am Kopf befestigen oder auf die Stirn legen, während Sie entspannt liegen.

WEISSKOHL

Nährwerte pro 100 g
Kalorien: 24 kcal
Eiweiß: 1 g
Kohlenhydrate: 3,2 g
Fett: 0,1 g
Ballaststoffe: 2,3 g

KOHLSUPPE AUF MEDITERRANE ART

Die Suppe mit Weißkohl und anderem Gemüse ist dank Vitamin A und C ein echter Immun-Booster. Die enthaltenen Mineralstoffe verstärken den Virenkiller-Effekt!

Für 2 Personen
Zubereitungszeit: 30 Minuten
Garen: 20 Minuten

1 kleine Zwiebel
1 Knoblauchzehe
300 g Weißkohl
1 rote Paprikaschote
1 Möhre, 125 g grüne Bohnen
1 Stange Staudensellerie
2 EL raffiniertes Olivenöl
Salz, Pfeffer aus der Mühle
500 ml glutenfreie Gemüsebrühe
200 g stückige Tomaten (Dose)
3 Zweige Thymian
1 Stiel Salbei
1 Lorbeerblatt
2 Stiele Basilikum

Nährwerte pro Portion: ca. 250 kcal, 6 g EW, 15 g F, 17 g KH, 9 g BST

+ Zwiebel und Knoblauch schälen und fein würfeln. Vom Kohl die äußeren Blätter und den harten Strunk entfernen, die Blätter in feine Streifen schneiden. Die Paprika längs halbieren, putzen, waschen und in etwa 1 cm große Würfel schneiden. Die Möhre putzen, schälen und schräg in dünne Scheiben schneiden. Die Bohnen putzen, waschen und je nach Größe halbieren oder dritteln. Den Sellerie putzen, waschen und in dünne Scheiben schneiden.

+ In einem großen Topf das Öl erhitzen, Zwiebel und Knoblauch darin 1 bis 2 Minuten andünsten. Das vorbereitete Gemüse dazugeben und alles mit Salz und Pfeffer würzen. Mit der Brühe ablöschen, die Tomatenstücke hinzufügen und alles langsam zum Kochen bringen. Thymian und Salbei waschen, mit dem Lorbeer zu einem Kräutersträußchen binden und in die Suppe geben. Alles mit geschlossenem Deckel etwa 20 Minuten köcheln lassen.

+ Zum Servieren Basilikum waschen, trocken tupfen und die Blätter abzupfen. Die Suppe mit Salz und Pfeffer würzen und auf Teller verteilen, mit dem Basilikum garnieren.

Die Ernährungs-Docs
3 bis 5 Portionen Kohlgemüse pro Woche sollen das Risiko für einige Krebsarten senken. Die krebspräventive Wirkung geht auf die enthaltenen Senföle zurück, die zu den sekundären Pflanzenstoffen gehören (siehe Seite 7). Diese sind vor allem im rohen Kohl wirksam, wenn er für Salat zerkleinert wird. Kocht man Kohl lange, reduziert sich die Senfölmenge enorm.

COLE SLAW MIT CEVAPCICI

Knusprige Hackbällchen werden hier auf einem erfrischenden Krautsalat serviert. Für den geschmacklichen Wow-Effekt sorgen supergesunde Aroniabeeren.

Für 2 Personen
Zubereitungszeit: 45 Minuten

1 Knoblauchzehe
250 g mageres Rinderhackfleisch (Tatar)
1 ½ TL rosenscharfes Paprikapulver
1 TL getrockneter Oregano
Salz, Pfeffer aus der Mühle
400 g junger Weiß- oder Spitzkohl
1 rote Spitzpaprikaschote
1 kleine rote Zwiebel
½ Bund Petersilie
2 EL griech. Joghurt (5 % Fett)
3 EL raffiniertes Olivenöl
1 EL Apfelessig
2 EL Limettensaft
1 TL Rohrohrzucker
2 EL getrocknete Aroniabeeren (aus Reformhaus oder Bioladen)

Nährwerte pro Portion: ca. 530 kcal, 30 g EW, 34 g F, 21 g KH, 8 g BST

+ Für die Cevapcici den Knoblauch schälen und in feine Würfel schneiden. Das Hackfleisch mit Knoblauch, 1 TL Paprikapulver, Oregano, ½ TL Salz und Pfeffer verkneten. Aus der Hackmasse mit angefeuchteten Händen 8 längliche Rollen formen und etwa 10 Minuten kühl stellen.

+ Inzwischen vom Kohl äußere Blätter und harten Strunk entfernen, die Blätter in feine Streifen schneiden. Paprika längs halbieren, putzen, waschen und quer in dünne Streifen schneiden. Zwiebel schälen und fein würfeln. Petersilie waschen, trocken tupfen, Blätter abzupfen und fein hacken.

+ Für das Dressing Joghurt, 1 EL Öl, Essig und Limettensaft mit ½ TL Salz, Pfeffer, übrigem Paprika und Zucker in einer Salatschüssel verrühren. Kohl, Paprika, Zwiebel und Petersilie mit den Aroniabeeren zum Dressing geben und alles gut mischen. Den Slaw etwa 15 Minuten ziehen lassen.

+ Währenddessen das übrige Öl in einer Pfanne erhitzen, die Cevapcici darin bei mittlerer Hitze 8 bis 10 Minuten rundum goldbraun braten. Zum Servieren den Krautsalat nochmals mit Salz und Pfeffer abschmecken und mit den Cevapcici auf Tellern anrichten.

Die Ernährungs-Docs
Herb-säuerliche Aroniabeeren sind eine gute heimische Alternative zu exotischen Beeren. In den dunkelroten Früchtchen – gibt es getrocknet und als Saft in Bioläden und Reformhäusern – stecken viele Farbstoffe, vor allem Anthocyane und Flavonoide. Diese sekundären Pflanzenstoffe sind hochwirksame Zellschützer und binden freie Radikale.

GEWÜRZSAUERKRAUT

Um Sauerkraut selbst herzustellen, braucht man nur wenige Zutaten: Weißkohl, Salz und Gewürze. Das Fermentieren dauert dann einige Wochen.

Für 1 kg (4 Personen)
Zubereitungszeit: 20 Minuten
Ziehen: 24 Stunden
Fermentieren: 2–4 Wochen

1 Weißkohl (ca. 1,2 kg)
10 g Meersalz
1 TL Koriandersamen
½ TL ganzer Kümmel
5 Wacholderbeeren
1 sauberes Mulltuch

Nährwerte pro Portion: ca. 80 kcal, 3 g EW, 1 g F, 10 g KH, 7 g BST

+ Vom Weißkohl die äußeren Blätter entfernen, den Kohl vierteln und den harten Strunk entfernen. Die Viertel auf der Gemüsereibe oder mit einem Messer in möglichst feine Streifen hobeln oder schneiden. In einer großen Schüssel mit dem Salz mit den Händen 5 bis 6 Minuten kneten. (Alternativ mit einem Kartoffelstampfer bearbeiten; es soll dabei Saft austreten.) Koriander, Kümmel und Wacholderbeeren hinzufügen und den Kohl offen bei Zimmertemperatur 24 Stunden ziehen lassen. Dabei ab und zu umwälzen.

+ Am nächsten Tag den Kohl in ein hohes, zylindrisches Gefäß (ca. 1½ l Inhalt) schichten – bis etwa 2 cm unter den Rand des Glases. Dabei sollte möglichst wenig Luft in das Gefäß gelangen. Dann so viel Wasser angießen, dass der Kohl vollständig bedeckt ist. Das Mulltuch darauflegen und beschweren (z. B. mit einem sauberen Stein).

+ Anschließend das Kraut an einem dunklen Ort 2 bis 4 Wochen fermentieren lassen. Man erkennt den Gärprozess an den aufsteigenden Bläschen. Das Sauerkraut ist fertig, wenn keine Bläschen mehr aufsteigen und das Kraut angenehm säuerlich schmeckt. Locker in Twist-off-Gläser füllen, kühl und dunkel lagern. Es hält sich bis zu 1 Jahr.

Die Ernährungs-Docs
Nur rohes Frischkost-Sauerkraut (aus Reformhaus oder Bioladen) ist Superfood. Es stärkt mit reichlich Vitamin C das Immunsystem und bringt mit natürlicher Milchsäure den Stoffwechsel auf Trab. Pasteurisiertes oder abgepacktes Sauerkraut in Dosen oder Gläsern wird erhitzt und hat weniger gesundheitsfördernde Wirkung, enthält aber trotzdem reichlich Ballaststoffe.

1/2L

JAROMA-PILZ-PÄCKCHEN MIT FETA

Jaroma ist die Ursorte des Weißkohls und dank seiner zarten Struktur auch für empfindliche Bäuche gut verträglich. Er wird in Papier gegart, um die Nährstoffe zu schonen.

Für 2 Personen
Zubereitungszeit: 25 Minuten
Garen: 15–20 Minuten

400 g Jaroma-Kohl (ersatzweise Spitzkohl)
200 g kleine Champignons
3 Frühlingszwiebeln
200 g kleine Tomaten
2 Knoblauchzehen
1 Zweig Rosmarin
3 Zweige Thymian
3 EL kalt gepresstes Olivenöl
2 TL Tomatenmark
Salz, Pfeffer aus der Mühle
30 g Mandeln
150 g Feta (Schafskäse)
3 Stiele Petersilie

Nährwerte pro Portion: ca. 550 kcal, 22 g EW, 42 g F, 16 g KH, 11 g BST

+ Den Backofen auf 180 °C vorheizen. Vom Kohl äußere Blätter und harten Strunk entfernen, die Blätter in etwa 3 cm große Stücke schneiden. Die Pilze putzen und, falls nötig, trocken abreiben, je nach Größe halbieren. Frühlingszwiebeln putzen, waschen und schräg in etwa 2 cm lange Stücke schneiden. Die Tomaten waschen und halbieren, dabei die Stielansätze entfernen. Den Knoblauch schälen und halbieren. Rosmarin und Thymian waschen, trocken tupfen, die Nadeln bzw. Blätter abzupfen und grob hacken.

+ Kohl, Pilze, Frühlingszwiebeln, Tomaten, Knoblauch, Rosmarin und Thymian mit Öl und Tomatenmark in einer Schüssel gründlich mischen, mit Salz und Pfeffer würzen. Die Mandeln grob hacken. Den Feta grob zerbröckeln.

+ Danach auf der Arbeitsfläche zwei Stück Backpapier (à ca. 40 x 40 cm) ausbreiten. Je die Hälfte der Gemüsemischung mittig darauflegen, mit Mandeln und Feta bestreuen. Das Backpapier wie bei einem Bonbon darüber verschließen und seitlich mit Küchengarn fest zubinden.

+ Die Feta-Gemüse-Päckchen im Ofen auf der mittleren Schiene 15 bis 20 Minuten garen. Inzwischen die Petersilie waschen, trocken tupfen, Blätter abzupfen und grob hacken.

+ Zum Servieren die Päckchen aus dem Ofen nehmen, auf Teller setzen und vorsichtig öffnen (Achtung, heißer Dampf entweicht!). Zuletzt mit der gehackten Petersilie bestreuen. Dazu passt Vollkornbaguette.

SCHARFER KOHL MIT GARNELEN

So knackig, scharf und würzig kann Kohl sein! Mit Chili, Möhren und Garnelen wandert er flugs in den Wok – und dann mit Vitalstoffpower auf den Teller.

Für 2 Personen
Zubereitungszeit: 30 Minuten

200 g Garnelen (ohne Kopf, geschält; frisch oder tiefgekühlt und aufgetaut)
½ TL Sambal Oelek
3 EL raffiniertes Olivenöl
1 kleiner Spitzkohl (ca. 350 g)
100 g Möhren
20 g Ingwer
1 Knoblauchzehe
1 rote Chilischote
3 Frühlingszwiebeln
2 EL glutenfreie Sojasauce (z. B. Tamari)
1 EL Weißweinessig
1 EL flüssiger Honig
Salz, Pfeffer aus der Mühle

Nährwerte pro Portion: ca. 360 kcal, 23 g EW, 18 g F, 23 g KH, 7 g BST

\+ Garnelen waschen und trocken tupfen. Mit Sambal Oelek und 1 EL Öl mischen und zugedeckt marinieren. Vom Kohl äußere Blätter und harten Strunk entfernen, Blätter in etwa 2 cm breite Streifen schneiden. Möhren putzen, schälen und in Streifen schneiden. Ingwer und Knoblauch schälen und getrennt fein würfeln. Chili putzen, waschen und samt Kernen in dünne Ringe schneiden. Frühlingszwiebeln putzen, waschen, schräg in 3 bis 4 cm lange Stücke schneiden.

\+ Einen Wok (oder eine Pfanne) stark erhitzen. Die marinierten Garnelen darin unter Rühren etwa 2 Minuten braten, herausnehmen und beiseitelegen. Das übrige Öl im Wok erhitzen, Spitzkohl, Möhren, Ingwer und Chili darin unter Rühren 2 bis 3 Minuten braten. Dann den Knoblauch hinzufügen und etwa 30 Sekunden mitbraten. Zuletzt die Frühlingszwiebeln dazugeben und alles noch etwa 30 Sekunden braten.

\+ Zuletzt die beiseitegelegten Garnelen mit Sojasauce, Essig und Honig zum Kohlgemüse geben, alles salzen und pfeffern und bei starker Hitze noch 1 bis 2 Minuten rührbraten. Sofort servieren. Dazu schmeckt Vollkornreis.

Die Ernährungs-Docs
Spitzkohl ist nah verwandt mit Weißkohl, doch viel zarter und verträglicher. Beim Zubereiten sollte man langes Garen vermeiden, da die Blätter sonst ihren milden Geschmack und ihre wertvollen Inhaltsstoffe (z. B. Vitamine und Kalium) einbüßen würden. Eine schonende Form der Zubereitung ist das Pfannenrühren – idealerweise in einem Wok: Beim minutenschnellen Braten bei starker Hitze und unter ständigem Rühren bleiben Biss, Farbe, Nährstoffe und Aroma der Spitzkohlblätter weitgehend erhalten.

Rezeptregister

Die Ernährungs-Docs

Dr. med. Matthias Riedl ist ärztlicher Direktor der von ihm 2008 gegründeten medicum Hamburg MVZ GmbH, die einzigartig in Europa die Diabetologie mit der Ernährungsmedizin und neun angrenzenden Facharztrichtungen ganzheitlich verbindet. Der Internist, Diabetologe und Ernährungsmediziner ist außerdem als Publizist für Fachzeitschriften und Verlage, Berater für Firmen und Krankenkassen sowie als Dozent auf internationalen Kongressen und Lehrbeauftragter zweier Universitäten tätig. Im Vorstand des Bundesverbands Deutscher Ernährungsmediziner (BDEM e. V.) engagiert er sich für die Förderung der Ernährungstherapie. 2013 nahm ihn das Magazin „Focus" in seine Empfehlungsliste „Top-Mediziner" auf.

Dr. med. Anne Fleck ist seit Jahren auf dem Gebiet der innovativen Ernährungs- und Präventionsmedizin tätig. Als Fachärztin für innere Medizin und Rheumatologie mit Expertise in Naturheilverfahren und ganzheitlichen Heilmethoden verfolgt sie seit Jahren den Ansatz, modernste Spitzenmedizin, Zuwendung und Naturheilkunde effektiv zu kombinieren. Vorsorgemedizinisch berät sie Unternehmen, Botschaften und Privatpersonen im In- und Ausland. Seit 2013 lebt und arbeitet sie im Herzen Hamburgs. Anne Fleck ist Mitglied in internationalen Fachgesellschaften, Autorin für Fachzeitschriften und tritt als Dozentin auf Kongressen und Fortbildungsveranstaltungen auf.

Dr. med. Jörn Klasen ist Facharzt für innere Medizin mit Schwerpunkt Magen-, Darm- und Lebererkrankungen sowie Arzt für anthroposophische Medizin und Naturheilverfahren. Er kombiniert die konventionelle Medizin mit komplementärmedizinischen Methoden. Über 15 Jahre war er Chefarzt und zehn Jahre stellvertretender ärztlicher Direktor am Asklepios Westklinikum Hamburg. Seit 2015 ist er leitender Arzt des Zentrums für integrative Medizin am Medizinicum Hamburg (Klinikum am Stephansplatz). Er hat außerdem zahlreiche Buchbeiträge verfasst, ist Lehrbeauftragter an der Universität Hamburg, hat Lehraufträge in Athen, Sofia und Zürich und ist Diplom-Heilpädagoge.

Kaiserstraße 14 b
D-80801 München

ISBN 978-3-89883-884-9
6. Auflage 2020

Projektleitung: Kathrin Ullerich
Texte: Franziska Pfeiffer
Rezepte: Martina Kittler
Lektorat: Kathrin Gritschneder
Covergestaltung: ZERO Werbeagentur, München
Grafische Gestaltung: ZERO Werbeagentur, Irene Schulz, Karin Miller
Satz: Christopher Hammond, Karin Miller
Rezeptfotografie: Claudia Timmann, Foodstyling: Claudia Seifert
Porträtfotos: Andreas Sibler
Herstellung: Frank Jansen
Producing: Jan Russok
Druck & Bindung: optimal media GmbH, Röbel

Kurze Wege schonen die Umwelt
Dieses Buch wurde in Deutschland gedruckt

In Zusammenarbeit mit und lizenziert durch nonfictionplanet GmbH, Hamburg

Die ZS Verlag GmbH ist ein Unternehmen der Edel SE & Co. KGaA, Hamburg.
www.zsverlag.de | www.facebook.com/zsverlag

Hinweis

Die Ratschläge in diesem Buch wurden mit größter Sorgfalt von Autoren und Verlag erarbeitet und geprüft. Eine Garantie kann jedoch nicht übernommen werden. Ebenso ist eine Haftung der Autoren bzw. des Verlags und seiner Beauftragten für Personen-, Sach- oder Vermögensschäden ausgeschlossen. Erkrankungen mit ernstem Hintergrund gehören in ärztliche Behandlung! Bei bereits bestehenden Beschwerden kann das Buch daher keinen fachärztlichen Rat ersetzen.